菏泽医学专科学校实验系列教材

病理学实验指导

(第 2 版)

主　编　王　慧　陈鲁曼
副主编　关真民　李慧平　侯亚莉　段旭艳
　　　　程俊美　谢　峰
编　委　(按姓名汉语拼音排序)

陈鲁曼（菏泽医学专科学校）　　　　　　刘　品（菏泽医学专科学校）
程俊美（菏泽医学专科学校）　　　　　　庞兴龙（菏泽医学专科学校附属医院）
段旭艳（菏泽医学专科学校）　　　　　　宋化著（菏泽市立医院）
葛爱敏（菏泽市立医院）　　　　　　　　田洪涛（菏泽市立医院）
关真民（菏泽医学专科学校）　　　　　　王　慧（菏泽医学专科学校）
韩维静（菏泽医学专科学校附属医院）　　谢　峰（菏泽医学专科学校）
郝　婷（菏泽市立医院）　　　　　　　　杨永萍（菏泽牡丹区北关医院）
侯亚莉（菏泽医学专科学校）　　　　　　张　勇（菏泽医学专科学校）
李慧平（菏泽医学专科学校）

北京大学医学出版社

BINGLIXUE SHIYAN ZHIDAO

图书在版编目（CIP）数据

病理学实验指导 / 王慧，陈鲁曼主编．—2 版．—北京：北京大学医学出版社，2017.1（2023.1 重印）
菏泽医学专科学校实验系列教材
ISBN 978-7-5659-1422-5

Ⅰ．①病… Ⅱ．①王… ②陈 Ⅲ．①病理学 – 实验 – 高等学校 – 教学参考资料 Ⅳ．① R36-33

中国版本图书馆 CIP 数据核字（2016）第 172145 号

病理学实验指导（第 2 版）

主　　编：王　慧　陈鲁曼
出版发行：北京大学医学出版社
地　　址：(100191) 北京市海淀区学院路 38 号　北京大学医学部院内
电　　话：发行部 010-82802230；图书邮购 010-82802495
网　　址：http：//www.pumpress.com.cn
E-mail：booksale@bjmu.edu.cn
印　　刷：北京强华印刷厂
经　　销：新华书店
责任编辑：靳新强　　责任校对：金彤文　　责任印制：李　啸
开　　本：787 mm×1092 mm　1/16　印张：4.5　字数：115 千字
版　　次：2017 年 1 月第 2 版　2023 年 1 月第 7 次印刷
书　　号：ISBN 978-7-5659-1422-5
定　　价：18.00 元

版权所有，违者必究
（凡属质量问题请与本社发行部联系退换）

前 言

本实验教材编写的目的有：

1. 满足新型医疗卫生体制改革需要　新型医疗卫生服务适应以人为中心，以家庭为单位、以社区为范围、以预防为导向的服务模式，为社区居民提供以预防为导向的防治、保健、教育一体化的医疗服务。

2. 满足基层医院执业医师岗位的需要　基层临床医师解决常见病、多发病的诊断与治疗，主要依靠问诊、体格检查和辅助检查，在其诊断形成的过程中，主要依靠科学、正确的临床思维方式减少漏诊、误诊。

依据职业岗位群进行职业能力分析后确定典型工作项目，然后将典型工作项目分解为具体的教学工作任务。根据工作岗位制订教学任务的程序如下：

临床工作的任务为：接触病人采集病史、体格检查发现阳性体征、病理推断、临床分析、做出诊断、正确治疗、预防复发、健康指导。教师针对临床工作任务，设计相应教学内容。该模式注重对学生逻辑思维的培养和促进学生临床思维的形成。

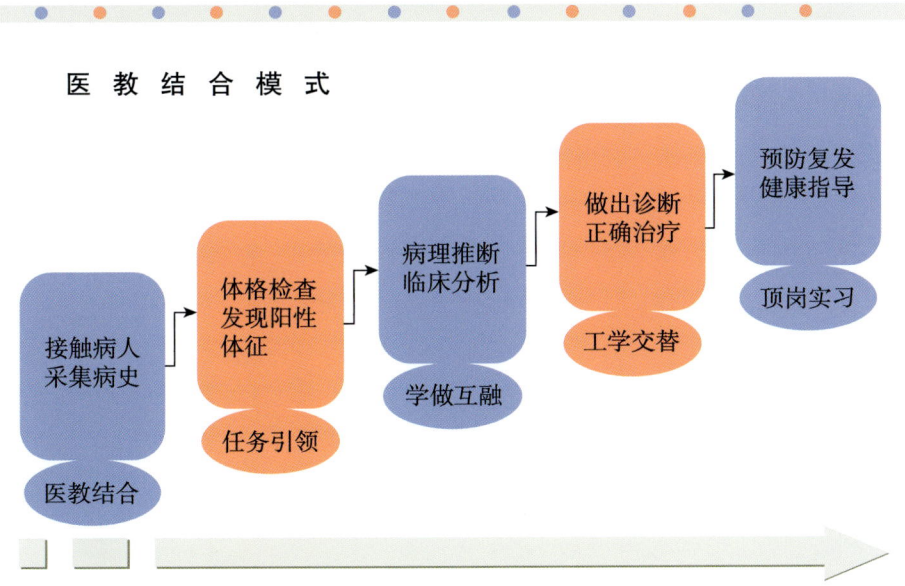

通过"任务引领"模式，整合序化病理内容，以系统常见病作为一项任务，以病理变化（形态异常、功能异常）作为主要学习内容，推断出临床表现，做出正确诊断，制订治疗措施，最终以该病的典型病例做出总结。该模式学习目标明确，学习内容有条理，联系临床密切，有利于课堂内容与工作岗位的"零对接"。

目　录

实习须知 ·· 1
　一、实习课的目的和意义 ·· 1
　二、实习的内容和方法 ··· 1
　三、描述、诊断原则及绘图 ··· 2
　四、实习注意事项 ··· 2

第一章　细胞和组织的损伤与修复 ·· 3
　一、目的要求 ··· 3
　二、实习内容 ··· 3
　三、思考题 ·· 7
　四、病例讨论 ··· 7

第二章　局部血液循环障碍 ··· 9
　一、目的要求 ··· 9
　二、实习内容 ··· 9
　三、思考题 ·· 11
　四、病例讨论 ··· 11

第三章　炎症 ··· 14
　一、目的要求 ··· 14
　二、实习内容 ··· 14
　三、思考题 ·· 16
　四、病例讨论 ··· 16

第四章　肿瘤 ··· 19
　一、目的要求 ··· 19
　二、实习内容 ··· 19
　三、思考题 ·· 23
　四、病例讨论 ··· 23

目　录

第五章　心血管系统疾病 ... 27
- 一、目的要求 ... 27
- 二、实习内容 ... 27
- 三、思考题 ... 32
- 四、病例讨论 ... 33

第六章　呼吸系统疾病 ... 37
- 一、目的要求 ... 37
- 二、实习内容 ... 37
- 三、思考题 ... 43
- 四、病例讨论 ... 43

第七章　消化系统疾病 ... 46
- 一、目的要求 ... 46
- 二、实习内容 ... 46
- 三、思考题 ... 53
- 四、病例讨论 ... 53

第八章　泌尿系统疾病 ... 55
- 一、目的要求 ... 55
- 二、实习内容 ... 55
- 三、思考题 ... 60
- 四、病例讨论 ... 60

第九章　生殖系统疾病 ... 62
- 一、目的要求 ... 62
- 二、实习内容 ... 62
- 三、思考题 ... 65
- 四、病例讨论 ... 66

实习须知

一、实习课的目的和意义

病理学实习课在病理学教学中的作用至关重要。实习课中，学生通过对病变器官、组织形态学的观察，联系思考其功能代谢的变化以及临床症状、体征。一方面有利于系统掌握病理学基本知识，同时也有助于培养学生独立思考、分析问题和解决问题的能力，为以后临床课的学习奠定一个良好的基础。

二、实习的内容和方法

病理学实习内容包括大体标本观察、组织切片观察，观看幻灯片、投影片和电视录像，进行尸体解剖、临床病理讨论及动物实验等，其中最主要的是对大体标本和组织切片的观察。

（一）大体标本观察

1. 首先识别标本属于何种器官及其大体结构。
2. 观察该器官或组织的大小、形状、色泽是否正常（与相应的正常脏器和组织比较）。
3. 表面和切面状况
 (1) 光滑度：平滑或粗糙。
 (2) 透明度：器官的包膜是菲薄、透明，还是增厚、混浊。
 (3) 颜色：暗红或苍白、灰白或灰黑、深黄或棕黄等。
 (4) 质地：软、硬、韧、松脆等。
4. 病灶的情况
 (1) 分布与位置：观察病灶在器官的哪一部位及其分布情况。
 (2) 数量：单个或多个，局限或弥散。
 (3) 大小：体积以长×宽×厚表示，面积以长×宽表示，均以厘米计。也可以常见的实物大小来形容，如米粒大、黄豆大、鸡蛋大、成人拳头大等。
 (4) 颜色：正常器官应保持其固有的色泽，如有不同着色，则往往是由于内源性或外源性色素的影响。如暗红色表示含血量多，黄绿色表示含胆汁，黄色表示含有脂肪或类脂。
 (5) 形状：圆形、不整形、乳头状、菜花状、结节状等。
 (6) 病变与周围组织的关系：境界清楚或模糊，有无压迫或破坏，有无包膜，包膜是否完整，脏器间有无粘连等。对空腔性器官的检查要注意器官壁的增厚或变薄、内壁粗糙或平滑，有无突起等，腔内物质的颜色、性质、容量，器官外壁有无粘连等情况。

说明：实习所观察的大体标本，一般经过10%甲醛溶液固定，其大小、颜色、硬度与新鲜标本有所不同。

（二）组织切片观察

1．先用大体标本观察组织切片的形状、颜色，并进一步确定病变的部位。
2．显微组织切片观察：注意切勿将切片放反，以免压碎玻片。
（1）低倍镜：是镜检的主要手段，可以洞察全局，了解组织结构的改变。观察时上下左右扫视全片，确认是何种组织、病变的部位和性质，并明确病变与周围组织的关系。切忌一开始即用高倍镜观察。
（2）高倍镜：主要观察组织和细胞的微细结构和形态变化。

三、描述、诊断原则及绘图

对病理标本的描述一定要真实，不可主观臆造，亦不可照抄书本。语言要精练，层次要清楚，从局部到整体，由里到外，由上到下，逐次描述。

对病理标本做诊断时，要细致观察，结合病史，联系理论知识，综合分析。诊断原则是器官或组织名称加病理变化。如脾梗死、支气管鳞状上皮化生等。

病理绘图十分重要，学生通过绘图可加强对病变的观察、理解和记忆，也是能力训练的一个重要环节。绘图的方法是：首先仔细观察病变的镜下表现，找出比较典型的区域，然后用铅笔淡淡勾出轮廓（注意各种成分的位置、比例、关系等）。对草图满意后，再用红蓝铅笔分别涂出细胞质、间质和细胞核等。落笔由轻到重，色彩由浅入深。画图要有边框（圆形或方框）和注解（写于一侧或底部）。绘图时也应本着真实的原则，不可人为加工，教材上的图谱可供参考，但不要模仿。

四、实习注意事项

1．爱护显微镜、教学标本和病理切片以及实验室其他用具，不得损坏。
2．实习前仔细阅读实习指导，复习有关理论，了解实习目的与要求。
3．保持实验室安静，在实验室内应专心实验，不许做其他工作。
4．实行卫生值日制，保持实验室整洁。
5．遵守实验室各项规章制度。

第一章 细胞和组织的损伤与修复

一、目的要求

1．能解释高血压病血压持续性升高的原因，能说出高血压病的基本病变，能说出高血压病患者的心脏的改变。

2．能说出慢性萎缩性胃炎、慢性支气管炎、病毒性肝炎、脂肪肝的病变及与其临床表现之间的联系。

3．能说出结核病的诊断要点。

二、实习内容

疾病

（1）心脏肥大（高血压病患者的心脏）
（2）萎缩（脑、肾、骨骼肌）
（3）胃黏膜肠上皮化生
（4）支气管黏膜鳞状上皮化生
（5）肝脂肪变性
（6）肝细胞水肿
（7）玻璃样变性（肾动脉）
（8）坏死（肾）

（一）心肌肥大

高血压病患者的心脏，体积明显大于正常心脏，重量增加，各房室均扩大，心肌肥厚，尤以左心室增厚最为显著（图 1-1，图 1-2）。

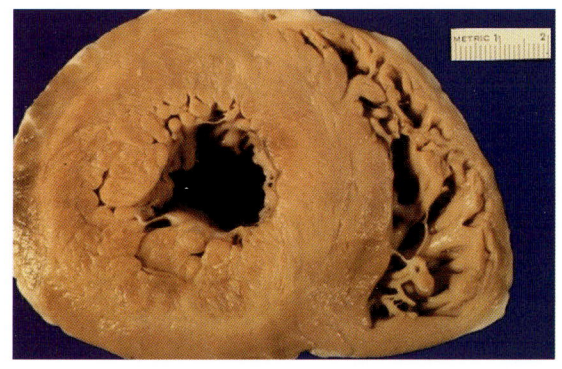

图 1-1　心脏肥大大体标本肉眼观

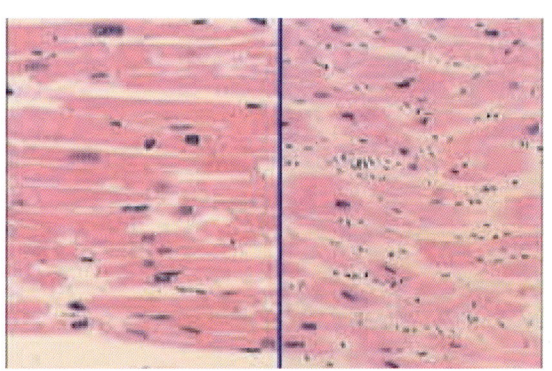

图 1-2　心脏肥大组织切片镜下观

肥大心肌细胞（右侧）与正常心肌细胞（左侧）相比，细胞明显增大

（二）萎缩（atrophy）

1. 脑萎缩（atrophy of brain）　脑回扁平增宽，脑沟变浅，脑皮质变薄（图1-3）。
2. 肾萎缩（atrophy of kidney）　肾盂积水而引起的肾萎缩，肾体积增大，肾盂、肾盏高度扩张，肾实质变薄，切面呈囊状（图1-4）。

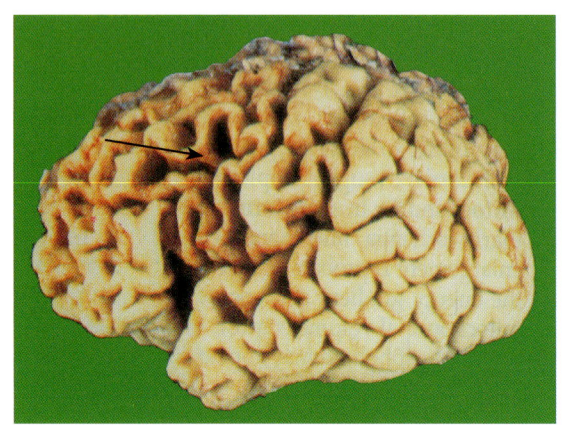

图1-3　脑萎缩

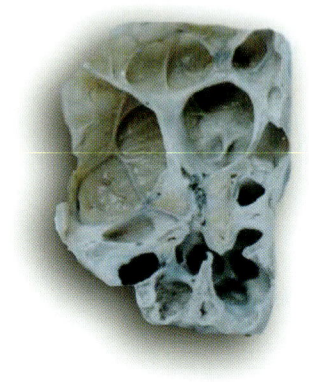

图1-4　肾萎缩

3. 骨骼肌萎缩　①肌束稀少，细胞小；②肌束间纤维结缔组织增生；③细胞核相对增多，聚集成群，体积相对增大（图1-5）。

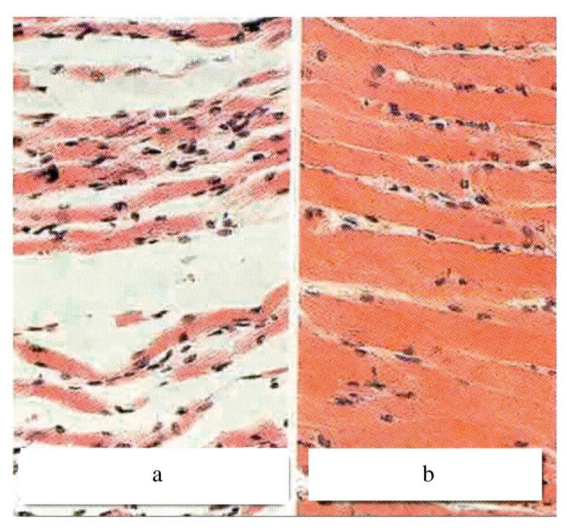

图1-5　骨骼肌萎缩
a.横纹肌萎缩；b.正常横纹肌

（三）胃黏膜肠上皮化生

组织切片观察　胃黏膜腺体可见大量杯状细胞。见于慢性萎缩性胃炎（图1-6）。

（四）支气管黏膜鳞状上皮化生

支气管黏膜鳞状上皮化生，纤毛上皮转变为鳞状上皮（图1-7）。

第一章　细胞和组织的损伤与修复

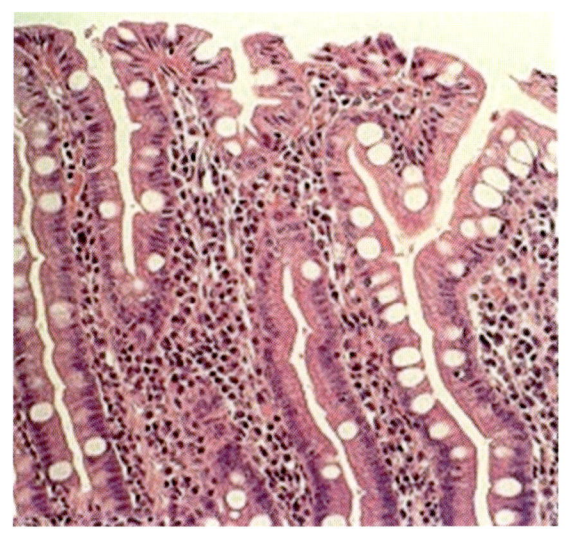

图 1-6　慢性萎缩性胃炎

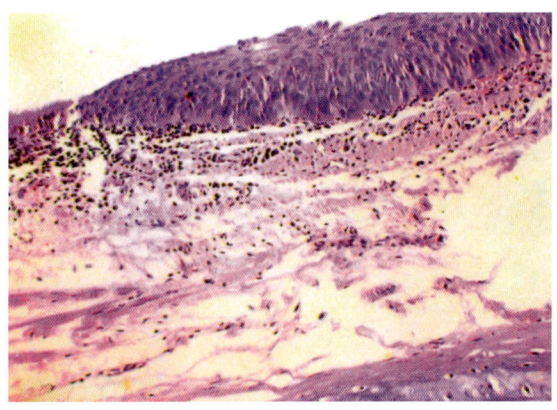

图 1-7　支气管上皮鳞状化生

（五）肝脂肪变性（fatty degeneration of liver）

1．大体标本观察　肝体积增大，包膜紧张，边缘变钝，切面黄色，有油腻感（见图1-8）。

2．组织切片观察　①肝细胞内可见大小不等的圆形空泡；②细胞核受挤压偏向一侧，胞质减少（图1-9）。

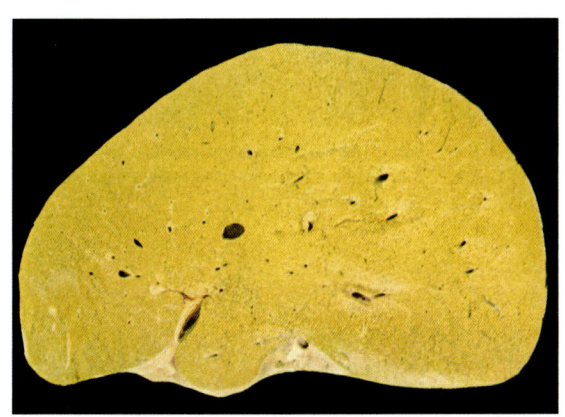

图 1-8　肝脂肪变性肉眼观

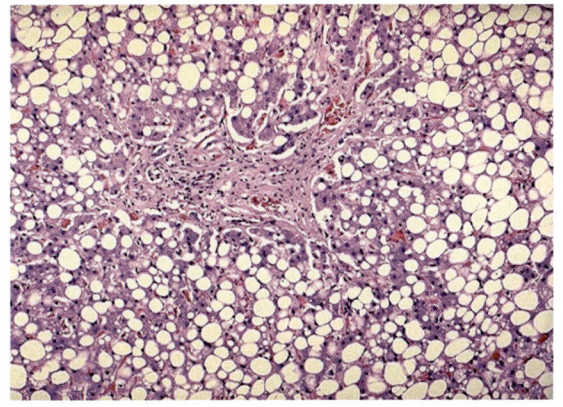

图 1-9　肝脂肪变性

（六）肝细胞水肿

大体标本观察：组织器官体积增大，色泽混浊（图1-10）。

组织切片观察：①肝细胞体积大，呈圆形；②肝细胞胞质疏松淡染，有的肝细胞胞质透明（图1-11）。

（七）玻璃样变性（hyaline degeneration）组织切片观察

玻璃样变性组织切片表现为：细动脉壁呈均质、红染的玻璃样物质（图1-12）。

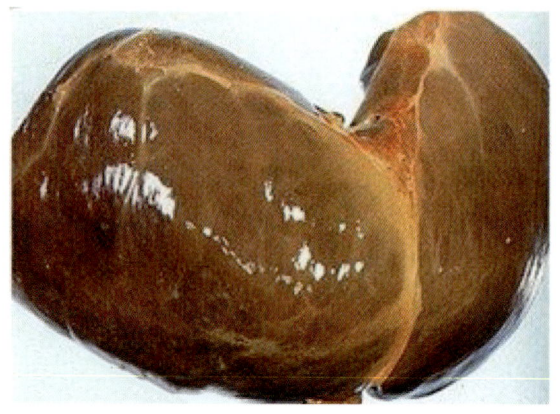

图 1-10 肝细胞水肿大体标本肉眼观

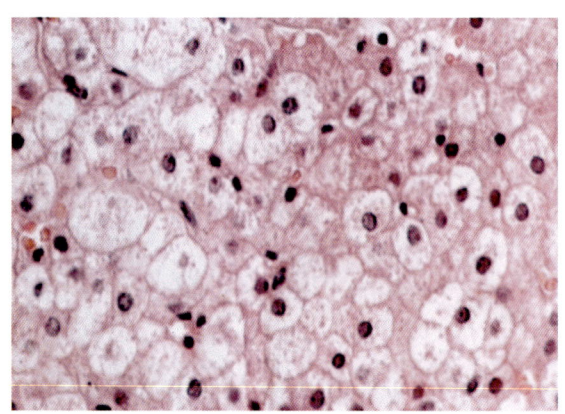

图 1-11 肝细胞水肿组织切片观察

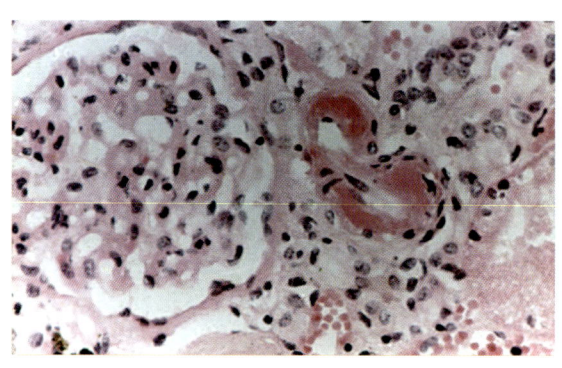

图 1-12 玻璃样变性的细动脉

（八）肾干酪样坏死（caseous necrosis of kidney）

1. 大体标本观察　肾部分腔内充满灰黄色干酪样坏死物质，质松脆（图 1-13）。
2. 组织切片观察　箭头所指红色粗颗粒样的物质为干酪样坏死，在其坏死周围还可看到朗汉斯细胞。见于结核病（图 1-14）。

图 1-13 干酪样坏死的肾

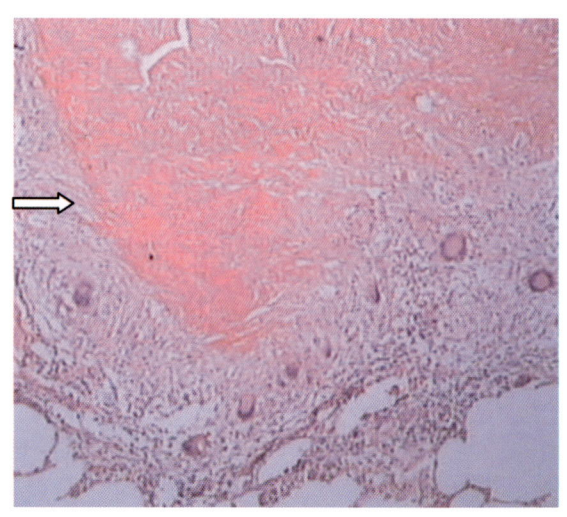

图 1-14 干酪样坏死的肾组织镜下观

三、思考题

1. 高血压病的基本病变是全身细动脉发生什么变性？高血压病患者心脏有什么适应性的改变？解释高血压病患者血压升高的原因。
2. 慢性萎缩性胃炎发生的是什么适应性的改变？对其功能有什么样的影响？
3. 慢性支气管炎发生的是什么适应性的改变？对其功能有什么样的影响？
4. 急性普通型病毒性肝炎发生的是什么变性？
5. 脂肪肝患者可能会有哪些临床表现？
6. 结核病在镜下具有诊断意义的有哪些结构？

四、病例讨论

病例（一）

【病史摘要】

患者，男性，32岁。从事代理营销工作，经常喝酒谈生意，久之，厌油、乏力、食欲缺乏，医院做B超示为脂肪肝。

【讨论题】

如果该患者做一个活检，肝组织切片观察应该是看过的哪一个切片？大体标本观察应该是什么？

病例（二）

【病史摘要】

患者，男性，61岁，渐进性活动后呼吸困难5年，明显加重1个月。5年前，因登山时突感心悸、气短、胸闷，休息约1h稍有缓解，以后自觉体力日渐下降，稍微活动时即感气短、胸闷，夜间时有憋醒。20余年前发现高血压（170/100mmHg），未经任何治疗。体格检查：BP160/96mmHg，心界向左侧扩大（图1-15，图1-16）。

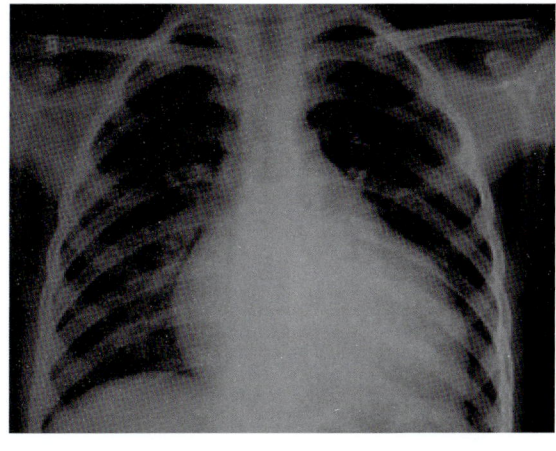

图1-15　患者心脏X线表现

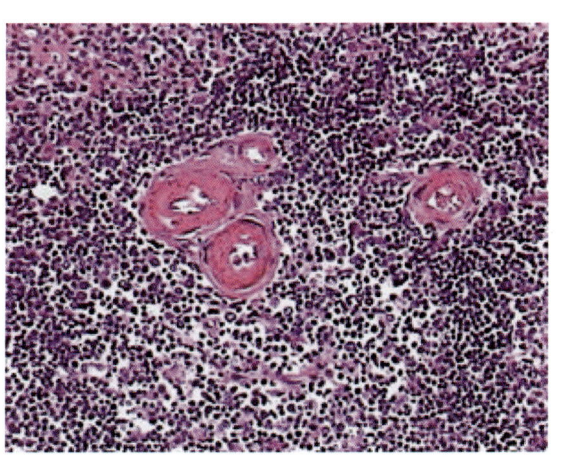

图1-16　患者的动脉组织切片观察

【讨论题】
1．写出诊断和诊断依据。
2．解释高血压病患者血压持续升高的原因。

第二章 局部血液循环障碍

一、目的要求

1．结合临床表现和病理变化能诊断肝淤血、肺淤血。
2．能镜下诊断混合血栓，并说出各种血栓形成的条件和结局。
3．能说出梗死的形态特点并解释发生的原因和后果。

二、实习内容

疾病
（1）慢性肺淤血
（2）慢性肝淤血
（3）混合性血栓
（4）肾贫血性梗死

（一）慢性肺淤血（chronic congestion of lung）

1．大体标本观察　肺重量增加、胸膜脏层紧张、表面呈紫褐色，切面部分呈棕红色，质地变硬（图2-1）。

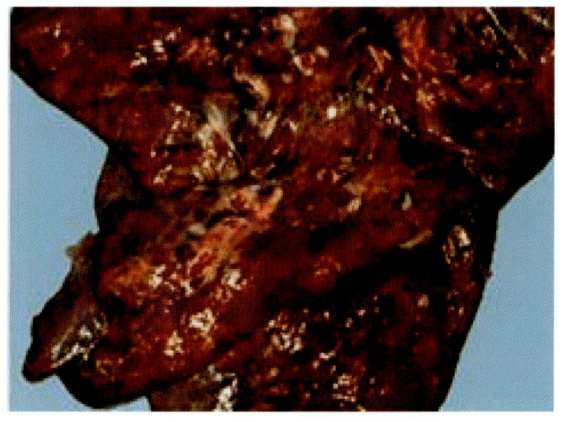

图2-1　慢性肺淤血肉眼观

2．组织切片观察
（1）低倍镜：肺泡壁增厚，肺泡壁内毛细血管扩张充血（图2-2）。
（2）高倍镜：肺泡腔内含淡红色水肿液及心力衰竭细胞。心力衰竭细胞即含棕褐色含铁血黄素的巨噬细胞，在肺泡腔内不均匀分布（图2-3）。

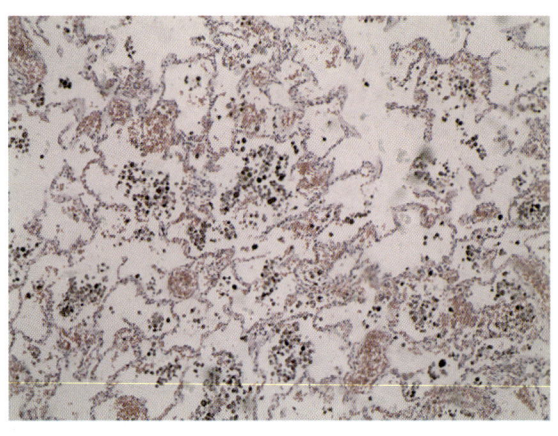

图 2-2　慢性肺淤血组织切片低倍镜下观　　　　图 2-3　慢性肺淤血组织切片高倍镜下观

（3）诊断要点：①肺泡壁毛细血管扩张充血；②肺泡腔内含水肿液、红细胞及心力衰竭细胞；③肺泡壁纤维组织增生。

（二）慢性肝淤血（chronic congestion of liver）

1．大体标本观察　肝体积增大，表面光滑，包膜紧张。切面见红褐色与黄白色相间的肝组织，极似"槟榔"，故称槟榔肝（图 2-4）。

2．组织切片观察

（1）低倍镜：认出肝小叶、中央静脉、肝索、肝窦及汇管区。

（2）高倍镜：中央静脉及其周围肝窦扩张、充血，近中央静脉的肝细胞萎缩甚至消失，严重者肝小叶淤血区之间相互连接。肝小叶边缘的肝细胞可有水肿和脂肪变性（图 2-5）。

（3）诊断要点：①中央静脉及肝窦扩张充血；②肝细胞萎缩和脂肪变性。

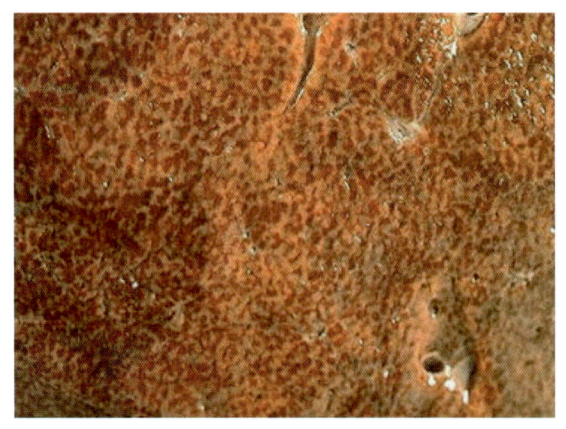 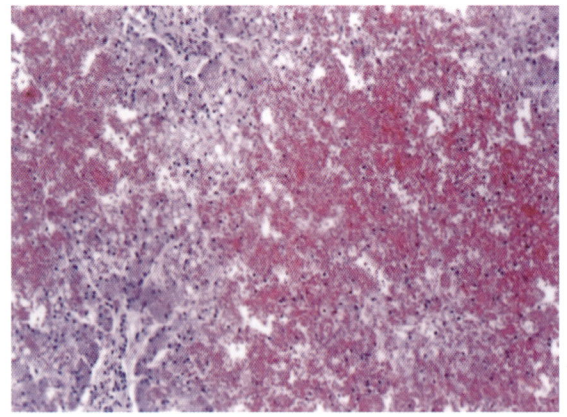

图 2-4　慢性肝淤血大体标本观察　　　　　　　图 2-5　慢性肝淤血组织切片观察

（三）混合血栓

组织切片观察　可见血小板小梁及网罗红细胞的纤维素（图 2-6）。

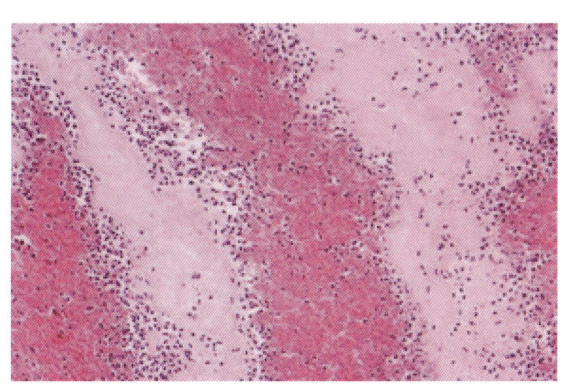

图 2-6 血小板小梁及网罗红细胞的纤维素

（四）肾贫血性梗死（anemic infarct of kidney）

1．大体标本观察 肾切面被膜下见一略呈楔形的梗死区，其尖端指向肾门，底部朝向肾表面。梗死区呈灰白色，质地实，干燥，与周围正常组织界限清楚，周围有红褐色出血带（图 2-7）。

2．组织切片观察 梗死区可见肾小球及肾小管轮廓，细胞核固缩、碎裂、溶解（图 2-8）。

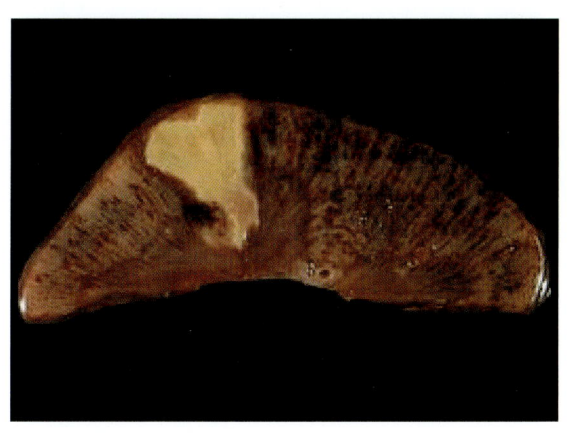

图 2-7 肾贫血性梗死大体标本观察

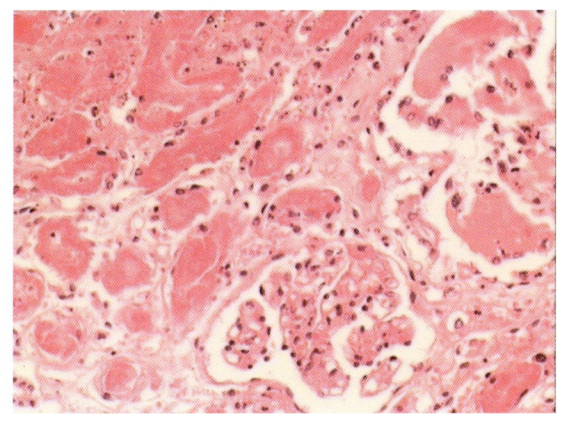

图 2-8 肾贫血性梗死组织切片观察

三、思考题

1．何谓血栓形成、栓塞、梗死？相互之间关系如何？
2．全身慢性充血（淤血）常见于什么病？慢性淤血的器官病理改变有哪些特点？

四、病例讨论

病例（一）

【病史摘要】

女性，30 岁，农民。主诉为间歇性心悸、气短 1 年，伴下肢水肿、少尿 1 个月。患者于1年前开始出现劳动后心悸、气短，休息后好转，1个月前因着凉而发热、咽痛、心悸、气短加重，同时出现双下肢水肿，少尿，右上腹部胀痛，食欲缺乏，不能平卧，治疗无效收入院。既往史：10年前常有咽痛、关节疼痛病史。体格检查：半坐卧位，慢性病容，四肢末梢及口唇发绀。颈静脉怒张，双肺背部有中、小水泡音。心尖部有舒张期震颤。心界向左、右两侧扩大。HR 110次/分，BP 110/70mmHg，心律不齐。心尖部有雷鸣样舒张期杂音，Ⅲ级吹风样收缩期杂音。肝在肋下3cm、剑突下5cm，质韧，轻度压痛，肝颈静脉回流征阳性。双下肢凹陷性水肿。实验室检查：尿常规：尿蛋白（+）、红细胞1～2个/HP，透明管型1～2/HP。X线检查：心脏向左右两侧扩大，双肺纹理增强。患者组织病理改变见图2-9，图2-10。

【临床诊断】
1．风湿性心脏病。
2．二尖瓣狭窄。
3．全心功能衰竭。

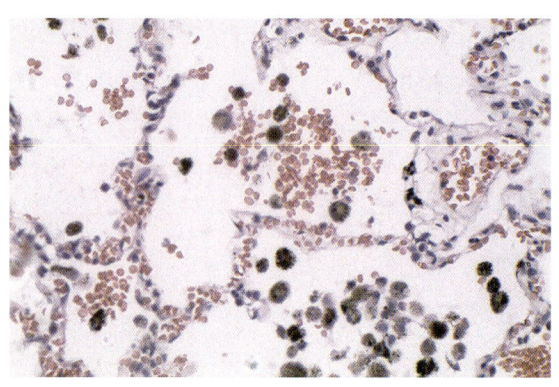

图2-9　患者肺组织切片高倍镜下观

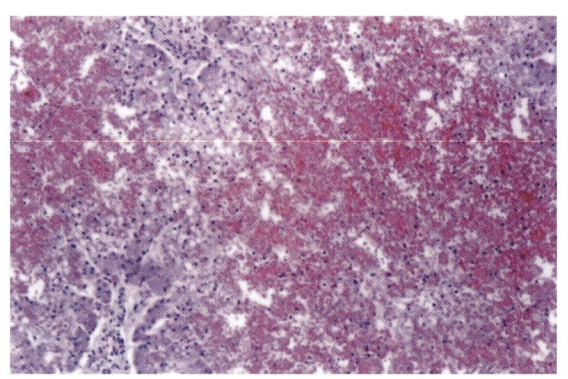

图2-10　患者肝组织切片低倍镜下观

【讨论题】
1．患者临床诊断全心功能衰竭的依据是什么？
2．根据临床特点，你认为此病人有哪些病变？

病例（二）

【病史摘要】
患者，女性，25岁，足月妊娠，于1998年2月16日10时，自然破膜，约10min后出现寒战及呼吸困难。立即给予高流量氧吸入，地塞米松、阿托品和速尿等。因病情恶化，继续给予阿托品、654-2、氨茶碱、去乙酰毛花苷。出现呼吸改变后，给予"呼吸三联"药物静脉推注，行人工呼吸，心脏按压，并给予"心脏三联"药物行心内注射，于2月17日清晨0时40分因抢救无效而死亡。

【尸检所见】
双肺明显水肿、淤血及出血，部分区域实变，切面红褐色，用刀刮之，有血性液体顺刀流下。镜检，肺部多数血管内可见数量不等的有形羊水成分，如胎粪、胎脂、角化物及角化细胞等，但以角化物为多。大部分肺泡腔充满水肿液，部分区域有出血，且较严重，肺泡腔内充满红细胞。全身各脏器充血水肿，心肌有变性。子宫足月妊娠，死胎，胎儿脐带绕颈一周半，双肺可见羊水吸入，病理改变见图 2-11。

【病理诊断】
1．双肺羊水栓塞，肺水肿。
2．足月妊娠，死胎。

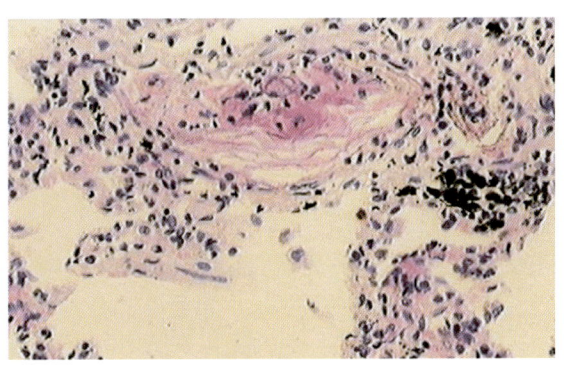

图 2-11　患者肺组织切片观察

【讨论题】
羊水栓塞的发生机制及产妇的死亡原因是什么？

第三章　炎　症

一、目的要求

1．在镜下能分辨各种炎细胞的形态特征并说出其功能和其临床意义。
2．能说出蜂窝织炎在镜下的病变。
3．能说出异物性肉芽肿在镜下的特点。
4．能说出朗汉斯细胞的镜下特点及临床意义。

二、实习内容

疾病
（1）鼻炎性息肉
（2）急性蜂窝织炎性阑尾炎
（3）异物性肉芽肿
（4）朗汉斯细胞

（一）鼻炎性息肉（nasal inflammatory polyp）

1．低倍镜　鼻黏膜表面被覆假复层纤毛柱状上皮，上皮下可见增生的毛细血管、腺体、纤维组织、较多的炎细胞。

2．高倍镜　浸润的炎细胞有淋巴细胞、浆细胞、中性粒细胞和少量嗜酸性粒细胞。

3．诊断要点　鼻黏膜毛细血管、腺体、纤维组织增生，以及淋巴细胞为主的炎细胞浸润。

（1）中性粒细胞：呈球形，直径为 10～12μm，具有分叶状细胞核（一般 2～5 叶），胞质淡红色，内含中性颗粒。在急性炎症和化脓性炎症时，以中性粒细胞渗出为主。

（2）单核巨噬细胞：圆形或卵圆形，直径可达 20μm 以上，大小不一，胞质丰富，有空泡，常含有吞噬物。巨噬细胞常见于急性炎症后期及非化脓性炎症、病毒及寄生虫感染等。

（3）淋巴细胞与浆细胞：淋巴细胞呈圆形，核圆，直径为 4～5μm，染色质浓密染成块状，着色很深，胞质极少，似狭窄的环，光镜下几乎看不到。浆细胞比淋巴细胞稍大，核圆或卵圆形，偏位，染色质凝集成块状，贴近核膜形成车轮状分布，无核仁，胞质丰富，呈伊红染色阳性或双色性，核周有半月形的淡染区，称"核周晕"。淋巴细胞和浆细胞多见于慢性炎症和急性病毒性感染等。

（4）嗜酸性粒细胞：比中性粒细胞大，核一般为 2 叶，胞质内含粗大红色颗粒，一般见于过敏性炎症或寄生虫感染。

（二）急性蜂窝织炎性阑尾炎（acute phlegmonous appendicitis）

1．大体标本观察　切除的阑尾明显肿胀，表面血管扩张充血，附着灰黄色脓性渗出物，属于弥漫性化脓性炎症（图 3-1）。

2．组织切片观察

（1）低倍镜：阑尾各层内有弥漫的炎细胞浸润，腔内有炎性渗出及坏死脱落的黏膜上皮，浆膜面附有炎性渗出物，血管显著扩张充血。

（2）高倍镜：①各层弥漫浸润的细胞为中性粒细胞；②浆膜面渗出物由纤维素和中性粒细胞组成。

（3）诊断要点：阑尾壁各层有大量的中性粒细胞弥漫浸润（图 3-2）。

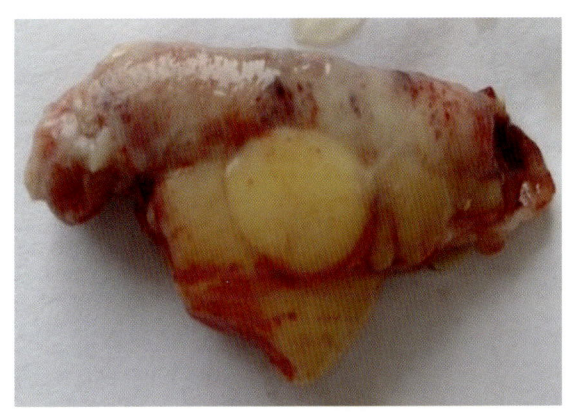

图 3-1　急性蜂窝织炎性阑尾大体标本观察　　　　图 3-2　急性蜂窝织炎性阑尾组织切片观察

（三）异物性肉芽肿（foreign body granuloma）

1．低倍镜　主要由多核巨细胞、单核巨噬细胞等成分构成，为略呈结节状的病变。

2．高倍镜　病变主要由单核巨噬细胞构成，散在分布较多的异物型多核巨细胞（体积巨大，多个细胞核散在于细胞内，部分细胞内吞噬有异物），可见多少不等的淋巴细胞、少量嗜酸性粒细胞，边缘区域可见纤维组织增生。

3．诊断要点　①以异物型多核巨细胞、单核巨噬细胞为主形成的结节状病变；②病变区可见异物，病变边缘区纤维组织增生（图 3-3）。

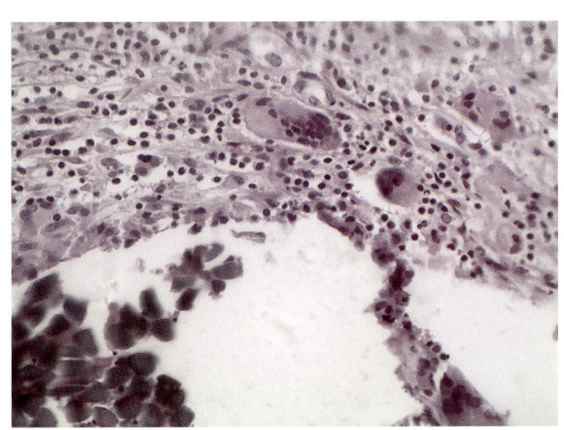

图 3-3　异物性肉芽肿组织切片高倍镜下观

（四）朗汉斯细胞

见于结核病，细胞体积较大，由多个核构成，分布在胞质的周边，像花环一样，单个的细胞叫上皮样细胞，是巨噬细胞演变而来的（图3-4）。

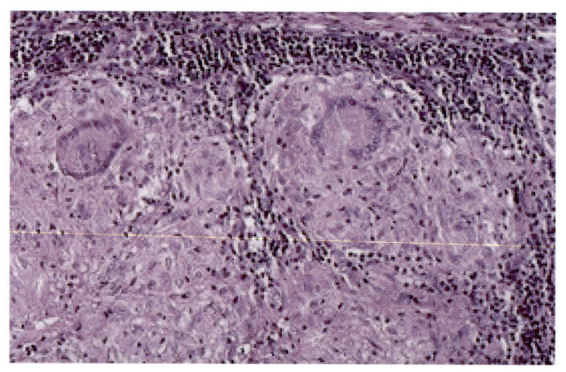

图3-4　朗汉斯细胞的组织切片观察

三、思考题

1．蜂窝织炎的特点是什么？
2．各类炎细胞的临床意义是什么？
3．炎性肉芽组织与炎性肉芽肿有什么区别？

四、病例讨论

病例（一）

【病史摘要】

患者，男性，42岁，慢性阑尾炎患者。突发性右下腹部疼痛，行阑尾切除术。病理学检查：阑尾肿胀，浆膜面充血，可见黄白色渗出物。阑尾腔内充满脓液，镜检见图3-5。

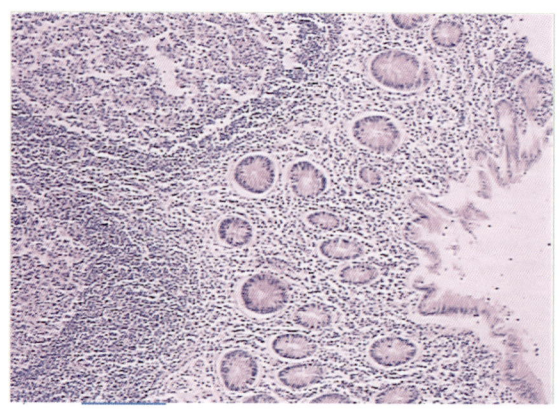

图3-5　慢性阑尾炎组织切片观察

【讨论题】
请问该病人的阑尾发生了什么性质的炎症？

病例（二）

【病史摘要】
患者，男性，32岁，患者进行性双侧鼻塞3年，伴有流脓涕、头痛症状。在当地医院诊断双侧鼻息肉，先后行3次手术均复发，经朋友介绍来医院就诊。症状：进行性鼻塞3年，伴有流脓涕、头痛、耳鸣等症状。辅助检查：鼻窦CT、鼻内镜检查诊断：双侧鼻息肉。治疗：鼻内镜下鼻息肉摘除、鼻窦开放，结合等离子低温消融止血治疗。鼻息肉镜下观见图3-6，图3-7。

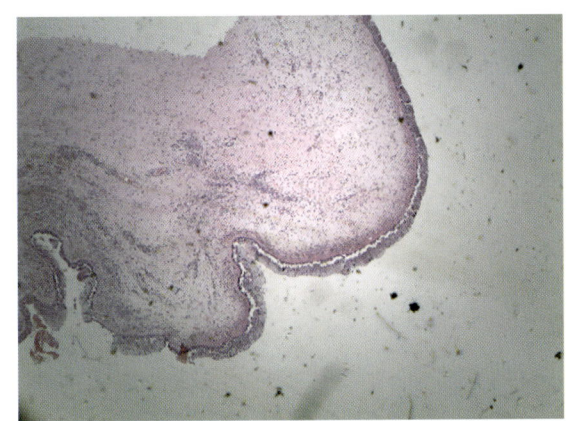

图3-6　鼻息肉组织切片低倍镜下观

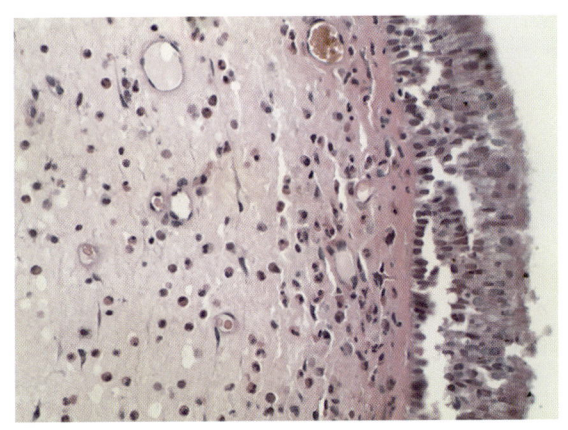

图3-7　鼻息肉组织切片高倍镜下观

【讨论题】
该患者的鼻息肉是怎么形成的？

病例（三）

【病史摘要】
患者，男性，32岁，农民，因右小腿肿胀疼痛两天就诊。两天前右小腿轻微擦伤出现疼痛，自己在家拔火罐、贴伤湿止痛膏未奏效，小腿部出现明显红肿，继而蔓延到右侧大腿，遂到医院诊治。体格检查：T38.4℃，P88次/分，R26次/分，BP16/10kPa（120/75mmHg）。神志清楚，急性病容，皮肤巩膜无黄染。腹部平软。右侧腰部轻度红肿，右侧大腿、小腿明显肿胀，颜色暗红，皮温稍高，膝关节活动受限。实验室检查：WBC 18×10^9/L，N 0.90，尿和便常规检查未见异常。治疗经过：入院后积极抗感染治疗，采用大剂量抗生素静脉滴注。入院当晚，病情恶化，患者出现烦躁不安，面色苍白，出冷汗，四肢冰凉，脉搏细弱，血压8/4kPa（60/30mmHg），随即心搏骤停，抢救无效而死亡。

【尸检所见】
青年男尸，发育正常，营养良好。右侧腋窝下可触及肿大淋巴结3枚，右侧腰部大片红肿，右侧大腿及小腿明显肿胀，暗红色，张力增高，周径比左侧分别增大5.4cm和3.8cm，足部出现轻度肿胀。切面可见血性液体渗出。腹腔内可见少量淡黄色液体，胸腹腔各脏器外观未见异常。组织切片观察：心肌细胞轻度肿胀，肌横纹消失，胞质内可见少量红染颗粒。肝细胞轻度肿胀，可见多量粉染颗粒，部分肝细胞内可见圆形空泡。肾近曲小管上皮细胞肿胀，刷状缘消失。右侧腋窝淋巴结内可见充血水肿以及大量中性粒细胞浸润。各器官组织均可见明显的血管扩张充血。右侧大腿和小腿皮下组织和肌肉组织高度水肿，血管高度扩张充血，肌纤维之间空隙增大，在肌纤维之间和脂肪组织中可见大量中性粒细胞弥漫浸润，部分皮下脂肪组织和肌肉组织坏死，阴囊和腰部病变基本同上。

【讨论题】

1. 根据尸检材料，做出病理诊断，并找出诊断依据。
2. 结合病史讨论疾病的发生发展过程和患者的死亡原因。

第四章 肿 瘤

一、目的要求

1．能说出肿瘤的异型性。
2．能说出良性与恶性肿瘤的区别。
3．镜下会诊断脂肪瘤和高分化鳞癌。

二、实习内容

1．常见良性肿瘤
（1）脂肪瘤
（2）皮肤乳头状瘤
（3）子宫平滑肌瘤
（4）肠腺瘤
2．常见恶性肿瘤
（1）皮肤鳞状细胞癌
（2）恶性肿瘤的异型性
（3）肠腺癌
（4）胃黏液癌

（一）良性肿瘤

1．脂肪瘤（lipoma）

（1）大体标本观察：肿瘤呈圆或扁圆形、分叶状，包膜完整，黄色，质软有油腻感（似正常脂肪组织）。切面见瘤组织内有纤细的纤维组织间隔（图 4-1）。

（2）组织切片观察：脂肪瘤细胞异型性小，与正常脂肪组织的区别是有包膜和纤维间隔（图 4-2）。

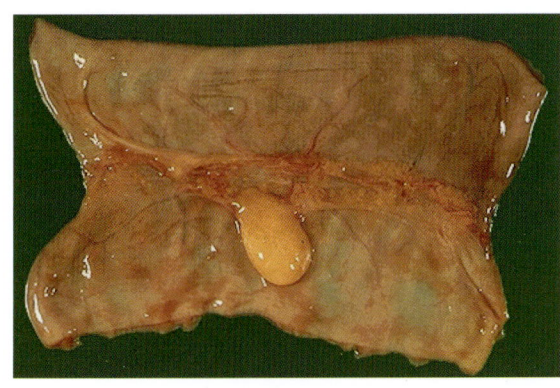

图 4-1 脂肪瘤大体标本肉眼观

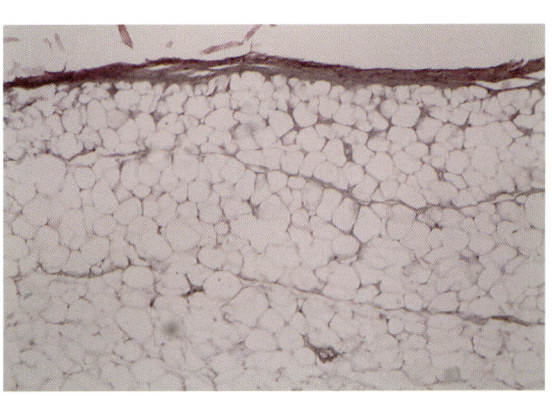

图 4-2 脂肪瘤组织切片镜下观

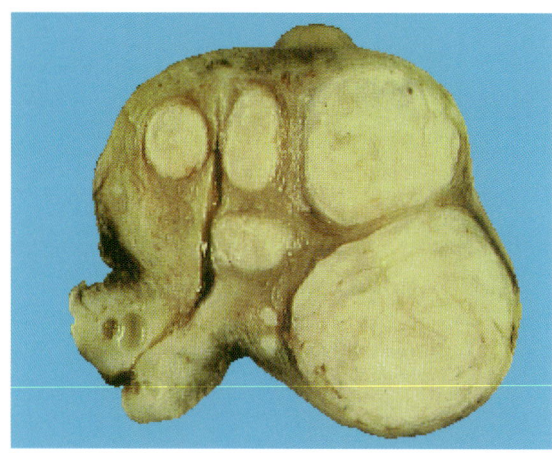

图 4-3　子宫平滑肌瘤的大体标本观察

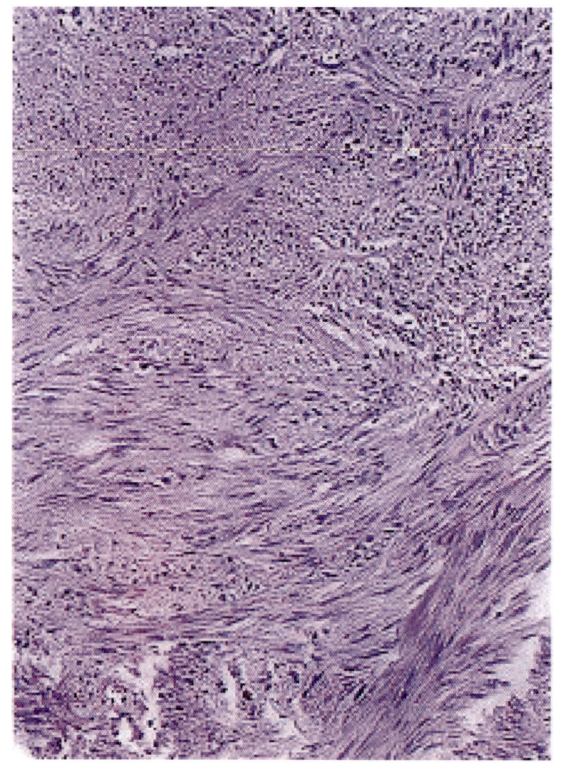

图 4-4　子宫平滑肌瘤的组织切片观察

2．子宫平滑肌瘤（leiomyoma of uterus）

（1）大体标本观察：子宫肌壁间、内膜下或浆膜下可见多个大小不等的球形结节，境界清楚，质韧。切面灰白色，可见旋涡状或编织状结构（图4-3）。

（2）组织切片观察

1）低倍镜：肿瘤呈圆形结节，与周围组织界限清楚。瘤细胞分化较好，大小、形态一致，呈编织状排列（图4-4）。

2）高倍镜：瘤细胞似正常平滑肌细胞，核呈长杆状，两端圆钝。

3）诊断要点：肿瘤由分化成熟的平滑肌纤维构成。

3．皮肤乳头状瘤（papilloma of skin）

（1）大体标本观察：肿瘤突出于皮肤表面，外形似桑葚，肿瘤基底部有蒂，可活动，无浸润现象。切面肿物呈乳头状，灰白色，界限清楚。

（2）组织切片观察

1）低倍镜：肿瘤呈乳头状，实质为增生的鳞状上皮，间质为血管及纤维组织，并有少量炎细胞浸润。

2）高倍镜：瘤细胞分化成熟，排列似正常鳞状上皮，细胞层次增多，可见角化，基底膜完整。

3）诊断要点：①被覆鳞状上皮增生，形成乳头或手指样突起，乳头中心为纤维血管性间质；②细胞形态、排列层次与极向性与正常组织相似（图4-5）。

4．肠腺瘤（adenoma of intestine）

（1）低倍镜：①管状腺瘤：增生的腺体大小、形态不规则，排列紧密，腺体周围有少量纤维血管组织，腺体上皮单层或增生，明显向管腔内突出呈假复层（图4-6）；②绒毛状腺瘤：腺上皮增生形成许多有分支的绒毛状结构，绒毛轴心为纤维血管组织（图4-7）。

（2）高倍镜：①管状腺瘤：腺体由高柱状上皮组成，核靠近基底部，可见核分裂象；②绒毛状腺瘤：绒毛状乳头被覆高柱状上皮，分化较好，核增大，染色深，可见核分裂象。

（3）诊断要点：①肿瘤组织由增生的大小不一、形态不规则的腺体构成；②瘤细胞异型性不明显。

第四章 肿　瘤

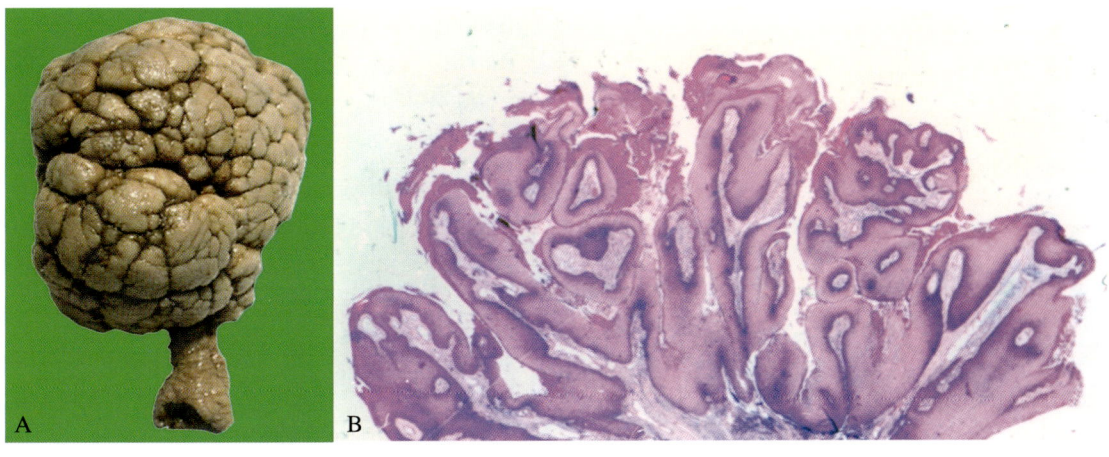

图 4-5　皮肤乳头状瘤的大体标本肉眼观和组织切片镜下观

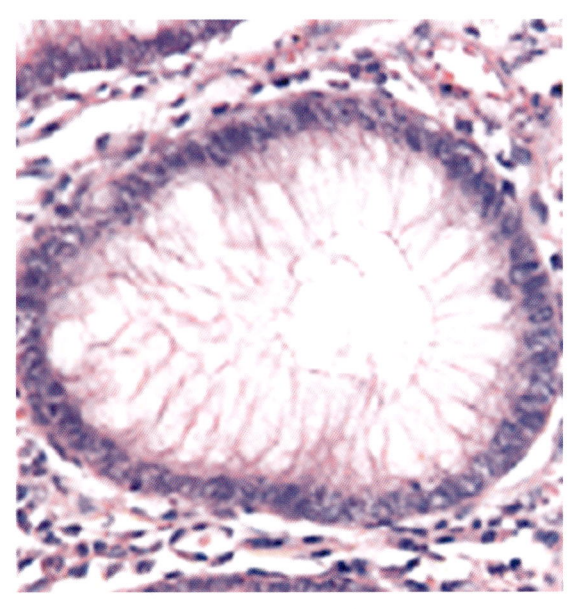

图 4-6　肠腺瘤管状腺瘤组织切片高倍镜下观

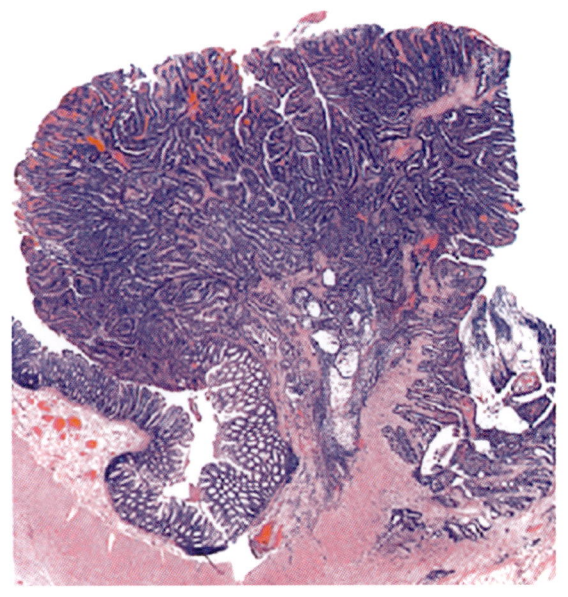

图 4-7　肠腺瘤绒毛状腺瘤组织切片低倍镜下观

（二）恶性肿瘤

1．皮肤鳞状细胞癌（squamous cell carcinoma of skin）

（1）大体标本观察：皮肤表面见一菜花状肿块，表面有溃疡形成。切面灰白色，基底宽，肿瘤组织呈蟹足状向周围组织浸润性生长，边界不清。

（2）组织切片观察

1）低倍镜：癌细胞呈巢状排列，即癌巢。癌巢呈片状或条索状，与间质分界清楚。高分化鳞癌癌巢中可见层状红染的圆形或不规则形角化珠，低分化鳞癌则不见或少见角化物质。

2）高倍镜：高分化鳞癌细胞分化较好，体积较大，多边形，核大深染，可见核分裂象和细胞间桥，癌巢中心为红染层状角化物，即角化珠，角化珠内可见角化不全的蓝色细胞核

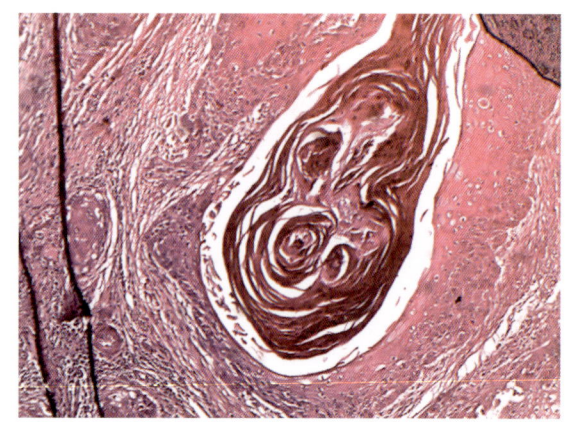

图 4-8 鳞状细胞癌

碎屑。低分化鳞癌细胞分化差，癌巢内癌细胞极性、层次不分明，癌细胞呈多角形或圆形，排列紊乱、大小不等，核大、染色质分布不均，病理性核分裂象常见，癌巢中无角化珠与细胞间桥，间质有炎细胞浸润。

3）诊断要点：①细胞有异型性，排列成巢；②癌巢内可见鳞状上皮角化过程，高分化者可见细胞间桥和角化珠（图4-8）。

2. 恶性肿瘤的异型性（atypia of malignant tumor）

（1）恶性肿瘤组织结构的异型性：恶性肿瘤细胞排列紊乱，失去正常的排列结构或层次。如腺上皮发生的腺癌，其腺体的大小和形状十分不规则，排列较乱，与正常腺上皮明显不同。

（2）恶性肿瘤细胞的异型性

1）低倍镜：瘤细胞排列紊乱，失去正常的层次和结构。

2）高倍镜：①肿瘤细胞形态不规则，大小不一致，出现瘤巨细胞；②细胞核大小悬殊，形态各异，出现巨核、双核、奇异核。核染色深，染色质呈粗颗粒状，分布不均，核膜增厚，核仁肥大；③胞质呈嗜碱性；④核分裂象增多，可出现病理性核分裂象。

3. 腺癌（adenocarcinoma）

（1）低倍镜：分化好者，癌细胞排列成腺管状，大小不等、形状不一、排列不规则，癌细胞多层排列。分化差者，癌细胞不形成腺管状而呈实体状癌巢，与间质分界较清楚，癌细胞突破黏膜层向深层浸润。

（2）高倍镜：癌细胞表现出不同程度的异型性，癌细胞大小不一，形态各异，排列紊乱，核大深染，病理性核分裂象多见。

（3）诊断要点：①肿瘤由大小不等、形态不一的腺体组成，呈浸润性生长；②细胞有异型性，病理性核分裂象多见（图4-9）。

4. 黏液癌（mucoid carcinoma）

（1）低倍镜：癌细胞可形成腺样结构或弥漫分布，黏液可聚集于腺腔内或大量溢入间质形成"黏液湖"（染成淡蓝色），癌细胞散在"湖"中。癌细胞浆中黏液将核推至边缘使细胞似指环状（称印戒细胞）（图4-10）。

（2）高倍镜：癌细胞根据分化程度而显示不同程度的异型性，癌细胞可呈柱状排列多层，亦可呈印戒形，细胞核大小、形态不一，可见病理性核分裂象。

（3）诊断要点：①肿瘤由大量散在、小而不规则的腺体组成；②细胞有异型性，且产生黏液形成"印戒细胞"和"黏液湖"。

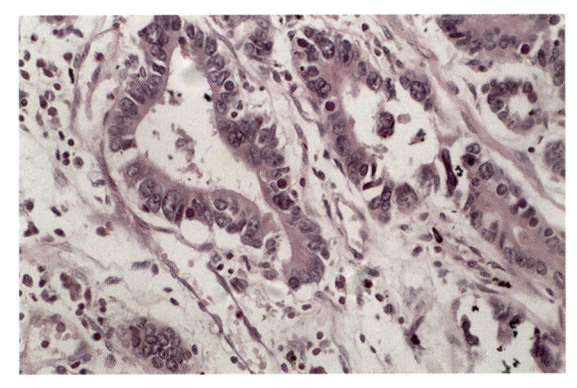

图 4-9 腺癌组织切片高倍镜下观

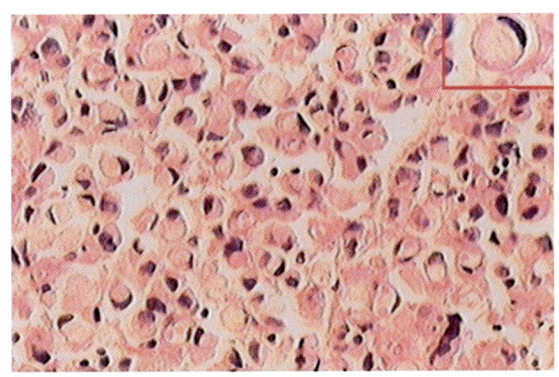

图 4-10 印戒细胞镜下观

三、思考题

1．何为异型性？恶性肿瘤细胞的异型性表现如何？
2．如何从细胞形态与组织结构上区别肿瘤的良恶性？
3．如何通过询问病史和体格检查初步确定体表肿瘤的良恶性？

四、病例讨论

病例（一）

【病史摘要】

患者，男性，50岁。上腹部疼痛15年，常在饭后 1～2h 疼痛发作，但近二年疼痛无规律，近半年腹痛加剧，经常呕吐。两个月来，面部及手足水肿，尿量减少，食欲缺乏。半小时前排黑色柏油样便，并呕吐鲜血，突然昏倒，急诊入院。体格检查：消瘦、面色苍白，四肢厥冷，血压 8/5kPa，心音快而弱；两腋下及左锁骨上淋巴结显著肿大，质硬。实验室检查：WBC $5×10^9$/L，N 0.70，L 0.25，M 0.04。患者入院后出血不止，血压急剧下降，抢救无效死亡。

【尸检摘要】

全身水肿，两下肢及背部为甚。胸腹腔内分别有 500ml 淡黄色澄清液体。胃小弯幽门区有 4cm×5cm×5cm 肿块一个，质硬，表面出血坏死呈溃疡状（图 4-11）。取肿块处胃黏膜做病理检查，镜下见局部正常胃黏膜破坏，异型细胞生长，细胞大，核大，染色深，可见不对称核分裂象，腺上皮增生，腺体大小不一，排列紊乱，异型腺体已穿过黏膜肌层浸润达胃肌层及浆膜（图 4-12）。肝大、黄色、质软、油腻，镜下见肝细胞内有大小不等之圆形空泡，核被挤向一侧，无异型性，苏丹Ⅲ染色呈橘红色（图 4-13）。肾小管上皮细胞肿大，肾小管腔狭窄，肾小管上皮细胞内满布针尖大小伊红色颗粒（图 4-14）。

【讨论题】

1．做出病理诊断，并按病变发展解释患者出现的各种临床表现。
2．肝、肾发生什么病变，分析其原因。
3．患者的死因是什么？

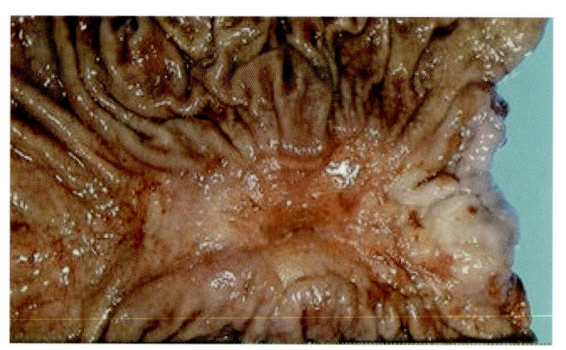

图 4-11　胃肉眼观

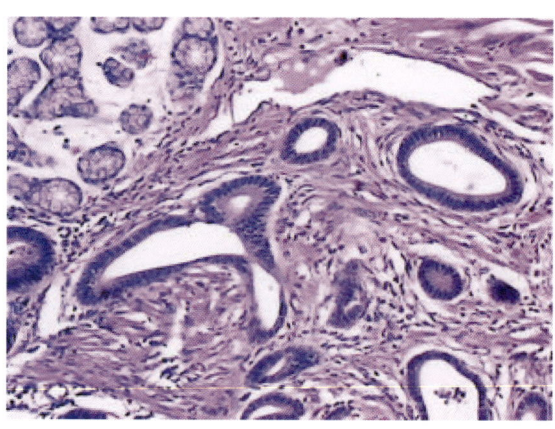

图 4-12　胃黏膜组织切片镜下观

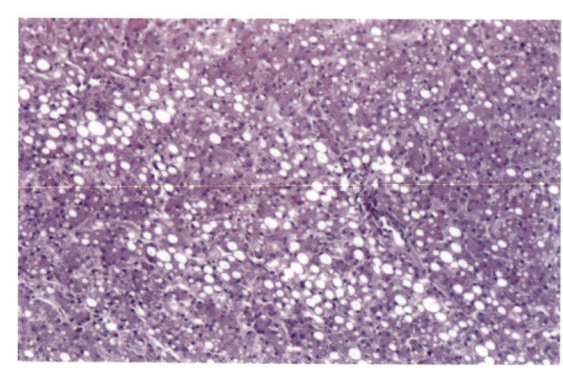

图 4-13　肝切片镜下观

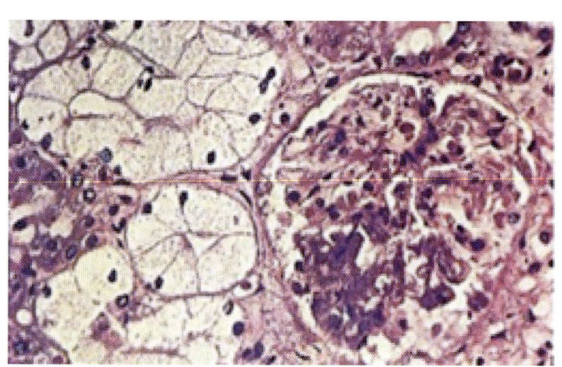

图 4-14　肾组织切片镜下观

病例（二）

【病史摘要】

患者，女性，40岁，农民。1个月前，出现咳嗽、咳带血丝痰，半月前患者感乏力并发热、咯血。四天前患者开始出现声音嘶哑，头痛，头晕，时有神志不清。入院体格检查：T 38℃，P 105次/分，R 17次/分，BP 16/10.6kPa，神志不清，瞳孔正常，颈部淋巴结可触及。胸部X线透视发现左肺上叶肺不张。血常规：RBC 3.8×10^{12}/L，Hb 75g/L，WBC 15.8×10^9/L。入院后一周，患者突然感觉左下胸锐痛，左胸浊音，呼吸音降低，胸腔穿刺放出400ml血性液体，胸腔积液涂片，查见癌细胞。X线检查显示左胸腔积液，左肺膨胀不全。患者全身情况差，治疗无效而

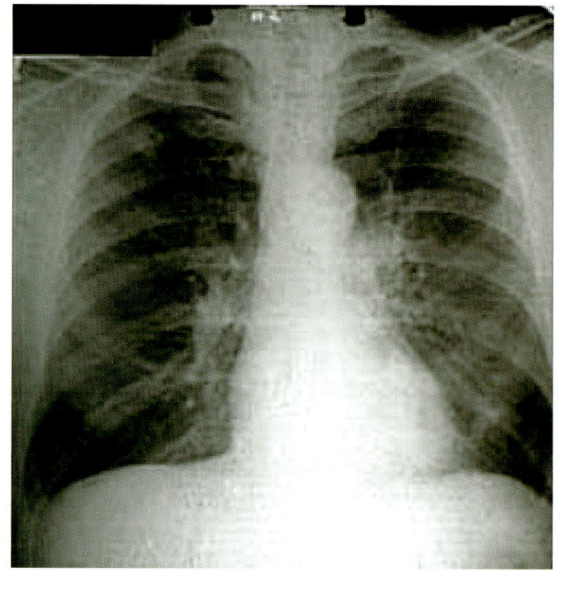

图 4-15　胸部X线片

死亡。

【尸检所见】

左锁骨上淋巴结肿大，左胸腔内约有350ml黄色混浊液体。双侧肺门淋巴结均有灰白色瘤组织转移。支气管内有白色黏液和脓性分泌物，左支气管和分支均被瘤组织浸润并且被阻塞。左肺高度萎缩，肺表面及小支气管周围均有瘤组织浸润，左肺上部近边缘处有一脓肿，直径为3cm，右肺也有小的转移性瘤结节。肺门淋巴结和纵隔淋巴结被瘤组织浸润而粘连成块，双侧锁骨上淋巴结也发生转移。镜检：见圆形或椭圆形分化极差的瘤细胞密布于支气管壁内及周围组织并散布于肺泡、血管和淋巴管内（图4-16）。肝：重1240g，表面有略突起的转移性瘤结节，直径最大约0.5cm（图4-17），镜下见肝窦内有多个小的瘤细胞群。脾、胰、肾中均见成群的瘤细胞浸润。

【讨论题】

1. 试对该患者做出完整的病理诊断。
2. 患者为什么会出现声音嘶哑？患者肺部出现肺不张和肺脓肿如何解释？

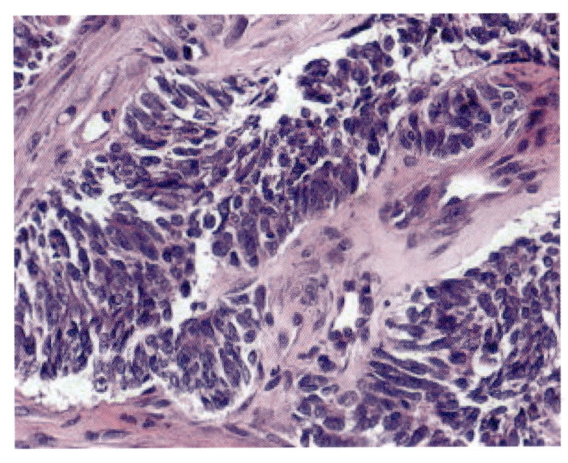

图4-16 肺组织切片镜下观

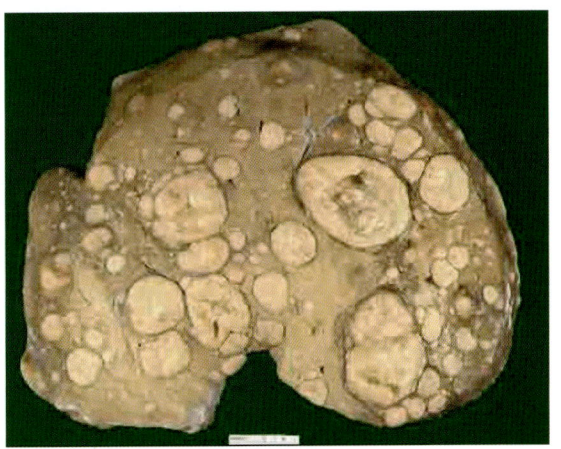

图4-17 肝肉眼观

病例（三）

【病史摘要】

患者，男性，50岁。主诉：近两个月左右进食时感觉有哽噎感，继而有胸骨后疼痛等表现，近半个月喝稀饭亦有类似感觉，不进食也有食物异物感，同时出现声音嘶哑、气急等。体格检查：患者消瘦，精神差，钡餐造影显示钡剂停留在左主支气管附近，仅能通过该部位下方一约3cm的狭窄通道缓慢下流，如图4-18，4-19所见。左主支气管附近的纵隔密度增加。

【讨论题】

写出诊断和诊断依据。

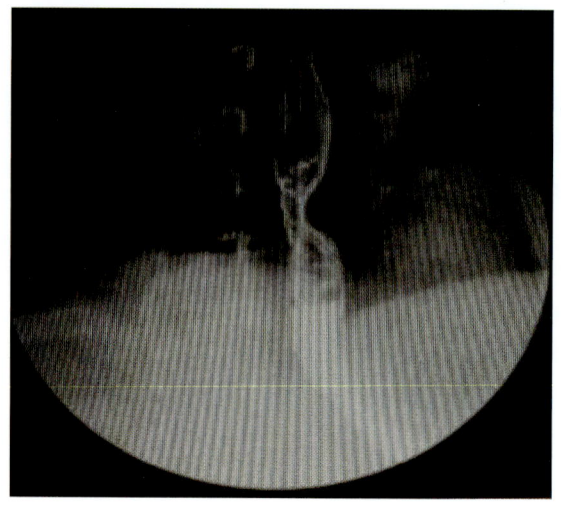

图 4-18　钡餐造影所见

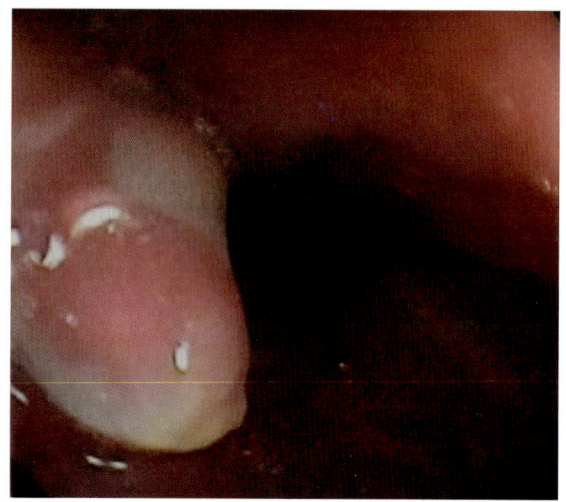

图 4-19　胃镜所见

第五章　心血管系统疾病

一、目的要求

1. 理解动脉粥样硬化症的病理学基础。
2. 理解冠状动脉粥样硬化症性心脏病（冠心病）心电图的病理学基础及分类。
3. 理解高血压病的发生发展过程及对主要脏器的影响。
4. 能够理解风湿性疾病发生发展过程，风湿性心脏病及慢性心瓣膜病的病理基础。

二、实习内容

疾病
（1）动脉粥样硬化
（2）心肌梗死
（3）高血压病之心脏
（4）高血压病之肾
（5）急性风湿性心内膜炎
（6）风湿性心肌炎

（一）动脉粥样硬化

分三个时期：脂质条纹期，纤维斑块期，粥样斑块期。

1. 脂质条纹期

（1）大体标本观察（图5-1）：见主动脉内膜上散在浅黄色针头至绿豆大斑块或线条状斑纹，略高出内膜表面，病灶间内膜光滑，此为主动脉粥样硬化早期病变脂质条纹期。

（2）组织切片观察（图5-2）：内皮下大量泡沫细胞聚集。泡沫细胞，多为单核细胞源性。圆形，体积较大，胞质内有大量脂质空泡。

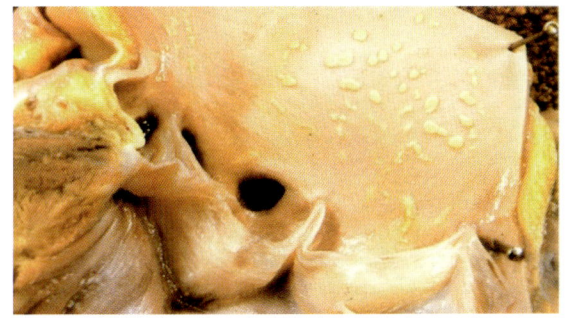

图5-1 脂质条纹期

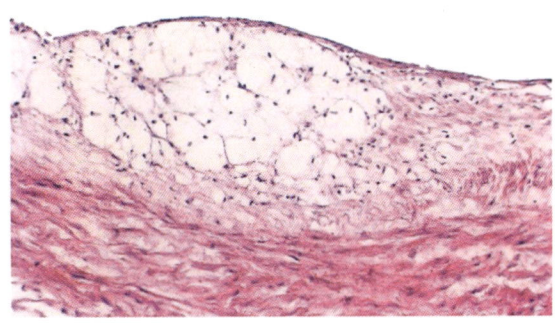

图5-2 动脉粥样硬化症脂质条纹期组织切片高倍镜下观

2．纤维斑块期

（1）大体标本观察（图5-3）：见有的标本内膜上散在大小不等的灰白色蜡滴状突起的斑块，系脂质沉积和纤维组织增生所致，此为纤维斑块期。

（2）组织切片观察（图5-4）

1）纤维帽：胶原纤维、弹力纤维、蛋白多糖、成纤维细胞、平滑肌细胞。

2）深层：脂质＋泡沫细胞＋淋巴细胞、细胞外基质。

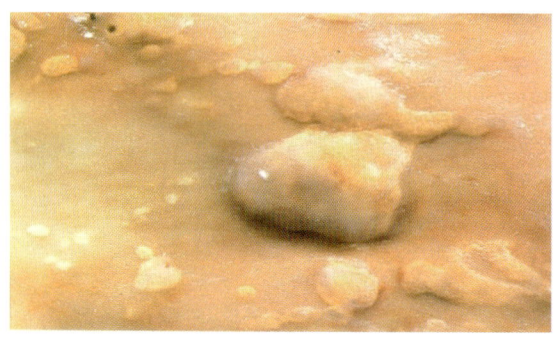

图5-3　纤维斑块期大体标本肉眼观

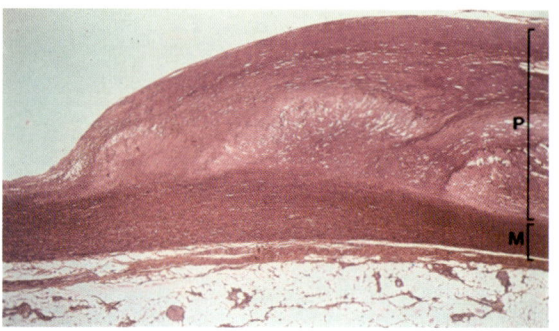

图5-4　纤维斑块期组织切片镜下观

3．粥样斑块期

（1）大体标本观察（图5-5）：动脉内膜上斑块破溃形成粥样溃疡或钙盐（灰白色）沉着，此即粥样斑块期。

图5-5　粥样斑块期大体标本肉眼观

（2）组织切片观察（图5-6，图5-7）

1）表层：纤维帽（玻璃样变性）。

2）深层：大量坏死物＋胆固醇结晶＋钙盐。

3）底部及边缘：肉芽组织＋少量泡沫细胞＋淋巴细胞。

4）中膜：不同程度萎缩、变薄。

诊断要点：主要依靠粥样斑块期的病理变化。

1）内膜表面纤维组织增生，玻璃样变性。

2）内膜深层内为大量坏死物，并可见胆固醇结晶。

3) 内膜底部和边缘可有肉芽组织增生，外周可见少许泡沫细胞。
4) 中膜不同程度萎缩。

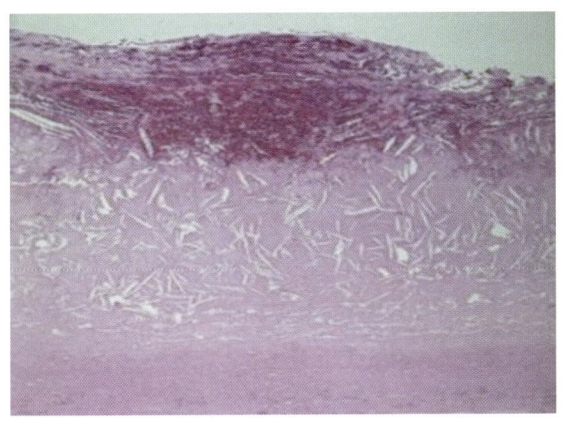

图 5-6　粥样斑块期组织切片低倍镜下观　　　　图 5-7　粥样斑块期组织切片高倍镜下观

（二）心肌梗死

1．大体标本观察（图 5-8）　心脏纵切面，见左心室前壁或室间隔前 2/3 有小片灰白色、不规则梗死灶。

2．组织切片观察

（1）低倍镜（图 5-9）：梗死灶为凝固性坏死，染色深，呈不规则地图状。

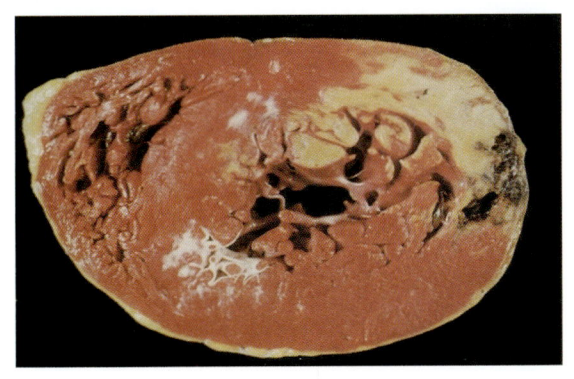
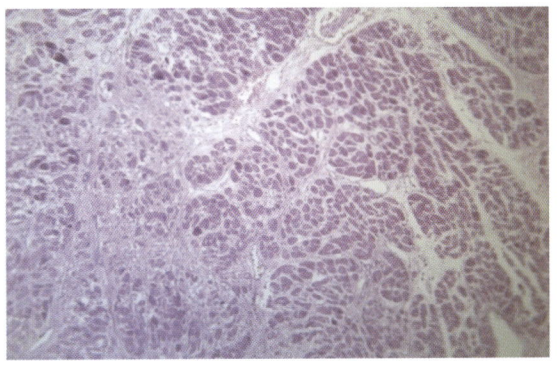

图 5-8　心肌梗死大体标本肉眼观　　　　图 5-9　心肌梗死梗死区组织切片低倍镜下观

（2）高倍镜（图 5-10，图 5-11）

1) 梗死心肌细胞体积小，染色深，细胞核消失。
2) 梗死区周边残留心肌细胞水肿，淡染。
3) 间质白细胞浸润。
4) 2 周后梗死区心肌细胞溶解吸收并有肉芽组织增生，最终由瘢痕组织取代。

诊断要点：

1) 梗死区深染，细胞核消失，继而心肌细胞溶解（图 5-10）。
2) 后期梗死区为肉芽组织、瘢痕组织取代（图 5-11）。

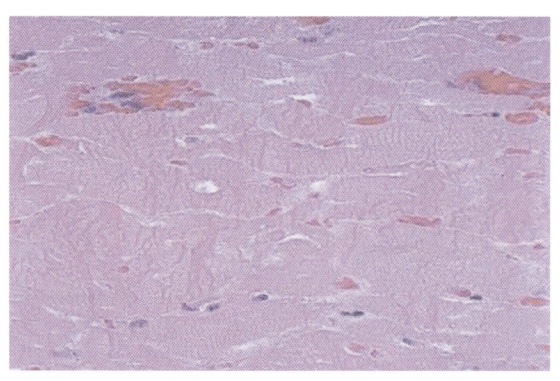
图 5-10　心肌梗死梗死区组织切片高倍镜下观

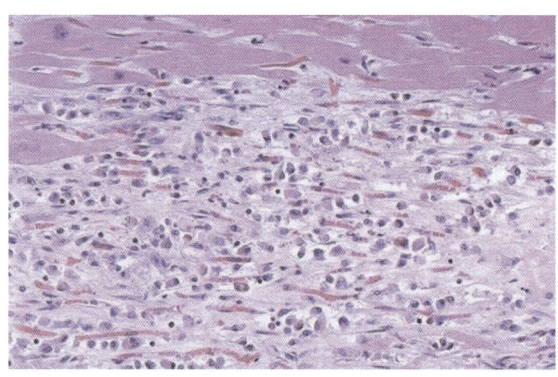
图 5-11　心肌梗死后期梗死区组织切片高倍镜下观

（三）高血压病之心脏

分为代偿期和失代偿期。

1．代偿期

（1）大体标本观察：心脏重量增加，左心室壁增厚，乳头肌和肉柱增粗变圆；心腔不扩张，甚而缩小，呈向心性肥大（图 5-12）。

（2）组织切片观察（图 5-13）：心肌细胞增粗、变长；细胞核大、深染。

2．失代偿期

大体标本观察：左心室扩大，室壁相对变薄，肉柱、乳头肌变扁平，出现离心性心脏肥大（图 5-14）。

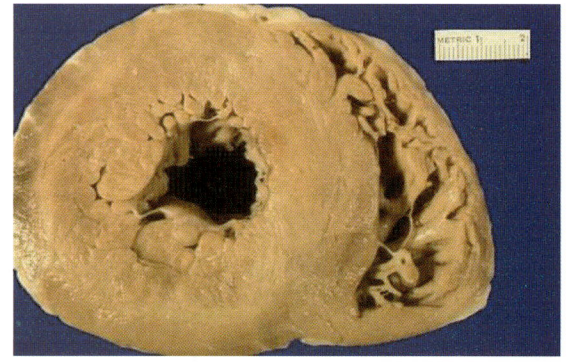
图 5-12　向心性肥大的心脏

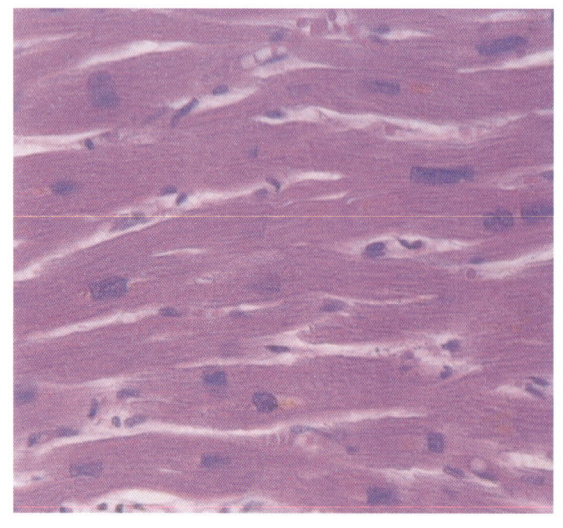
图 5-13　向心性肥大心脏组织切片高倍镜下观

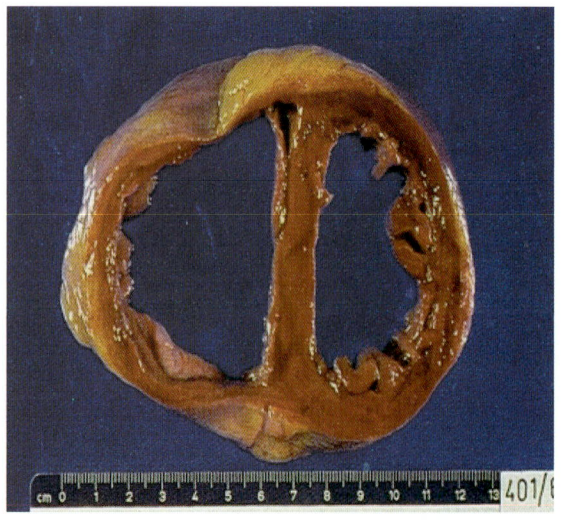
图 5-14　离心性心脏肥大

（四）高血压病之肾

1．大体标本观察（图 5-15）

（1）表面均匀一致细颗粒状。

（2）双侧对称性体积减小，重量减轻，质地变硬。

（3）切面肾皮质变薄、皮髓质分界不清。

2．组织切片观察（图 5-16，图 5-17）见肾入球小动脉（细动脉）玻璃样变性，呈伊红色均质状，管壁增厚、管腔狭窄。间质纤维组织增生及淋巴细胞浸润。小动脉（弓形动脉及小叶间动脉）内膜纤维组织增生，呈洋葱皮样，管壁增厚，管腔狭窄。其旁肾小球萎缩、纤维化、玻璃样变性，附近的肾小管发生萎缩或消失。部分肾小球体积增大，肾小管管腔扩张。

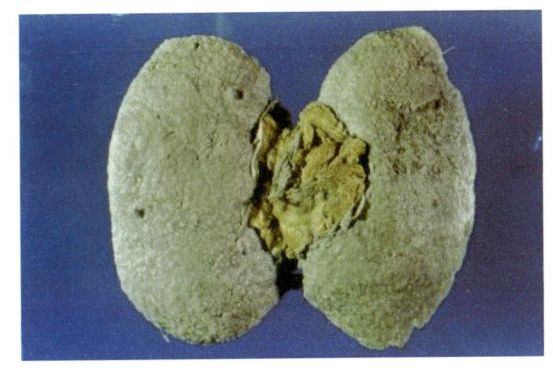

图 5-15　原发性颗粒性固缩肾

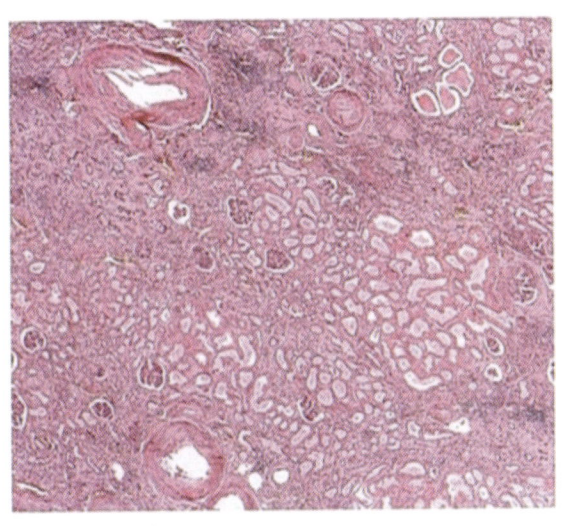

图 5-16　固缩肾组织切片低倍镜表现

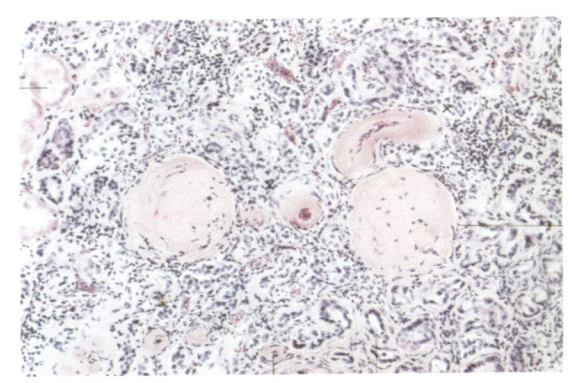

图 5-17　固缩肾组织切片高倍镜表现

诊断要点

（1）肾细小动脉内膜增厚；梗死区深染，细胞核消失，继而心肌细胞溶解。

（2）部分肾小球入球小动脉玻璃样变性；健存肾小球代偿性肥大，所属肾小球代偿性肥大，肾小管代偿性扩张。

（五）急性风湿性心内膜炎

1．大体标本观察（图 5-18）　二尖瓣闭锁缘上有一排直径为 1～2mm 大小、半透明灰白色、串珠状排列的小颗粒（疣状赘生物），附着牢固。二尖瓣瓣膜仍较薄，未变形。

2．组织切片观察（图 5-19）　赘生物是由血小板及纤维蛋白构成的白色血栓，基底部有少量炎细胞浸润。

图5-18 二尖瓣闭锁缘上的疣状赘生物大体标本观察

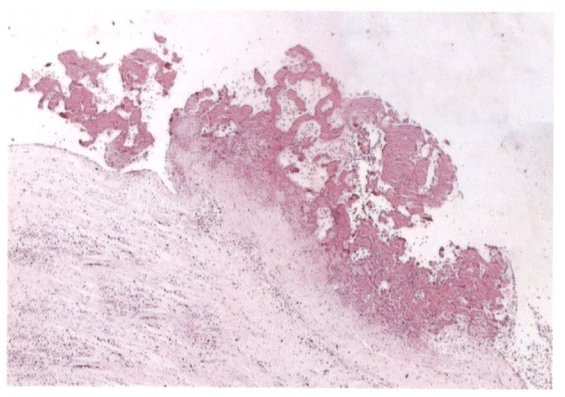
图5-19 二尖瓣闭锁缘上的疣状赘生物组织切片低倍镜下观

（六）风湿性心肌炎

组织切片观察

1．低倍镜（图5-20） 心肌间质充血、水肿，心肌纤维排列疏松。在血管周围可见由成簇细胞构成的梭形或椭圆形病灶，此即风湿小体。

2．高倍镜（图5-21） 风湿小体之中央有少许伊红色絮状物质，为纤维素样坏死，其外见许多风湿细胞（或称Aschoff细胞）。该细胞体积较大，呈梭形或多边形，胞质丰富，嗜碱性，核大、呈卵圆形、空泡状，染色质集中于核的中央，并有细丝放射至核膜，似枭眼。纵切面，该细胞核染色质呈毛虫样。有的风湿细胞呈双核或多核，称Aschoff巨细胞。风湿小体最外层有少量淋巴细胞、单核细胞及浆细胞浸润。

3．诊断要点 心肌间质形成具有特征性的Aschoff小体（图5-20）。

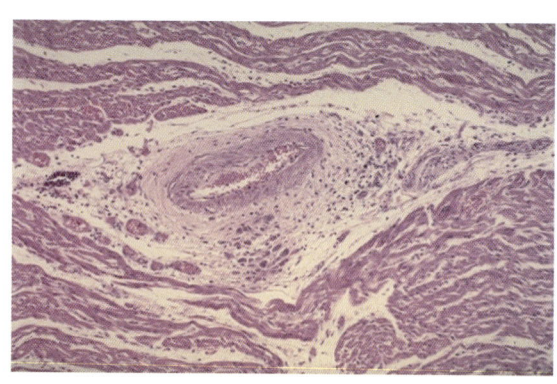
图5-20 风湿性心肌炎组织切片低倍镜下观

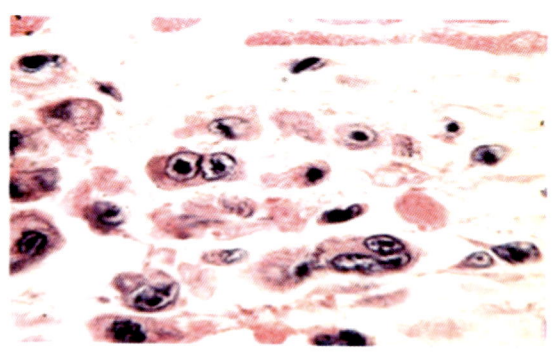
图5-21 风湿性心肌炎组织切片高倍镜下观

三、思考题

1．动脉粥样硬化病变分几期？有何特点？继发性病变有哪些？
2．叙述心肌梗死的好发部位、形态及并发症。

3．叙述高血压病后期主要脏器的病变特点及临床后果。
4．风湿病的基本病理改变有哪些？

四、病例讨论

病例（一）

【病史摘要】

患者，男性，53岁。干部，高脂饮食多年。因心前区疼痛6年，加重伴呼吸困难10h入院。入院前6年感心前区疼痛，痛系膨胀性或压迫感，多于劳累、饭后发作，每次持续3～5min，休息后减轻。入院前2个月，痛渐频繁，且休息时也发作，入院前10h，于睡眠中突感心前区剧痛，并向左肩部、臂部放射，且伴大汗、呼吸困难，咳出少量粉红色泡沫状痰液，急诊入院。体格检查：T 37.8℃，HR 130次/min，BP 80/40mmHg。呼吸急促，口唇及指甲发绀，不断咳嗽，咳粉红色泡沫状痰液，皮肤湿冷，颈静脉稍充盈，双肺底部可闻有湿啰音，心界向左扩大，心音弱。实验室检查：外周血白细胞 20×10^9/L，中性粒细胞：0.89，尿蛋白（+），血中尿素氮 30.0mmol/L，CO_2 结合力 16.0mmol/L，HDL含量低下。入院后经治疗无好转，于次日死亡。

【尸检所见】

主动脉有散在灰黄色或灰白色斑块隆起，部分有钙化、出血（图5-22）；腹主动脉的斑块有溃疡形成（图5-23）；脑底动脉管壁呈偏心性增厚变硬，腔狭窄。冠状动脉：左冠状动脉主干壁增厚，管腔Ⅲ度狭窄，前降支从起始至2.5cm处管壁增厚，管腔Ⅱ～Ⅳ度狭窄（图5-24），左旋支血管腔Ⅱ～Ⅲ度狭窄；右冠状动脉距起始部0.5～5cm处管壁增厚，管腔Ⅲ～Ⅳ度狭窄，室间隔大部，左心室前壁、侧壁，心尖部，右室前壁内侧心肌变软、变薄，失去光泽，镜下有不同程度的心肌坏死，右室后壁亦有多个灶性坏死区（图5-25）；肝900g，表面弥漫分布着细小颗粒，切面黄褐相间，似槟榔状（图5-26）；右肺600g，左肺550g，双肺弥散性真菌感染伴小脓肿形成，左胸腔积液400ml，四肢末端凹陷性水肿。

图5-22　主动脉斑块

图5-23　主动脉斑块溃疡

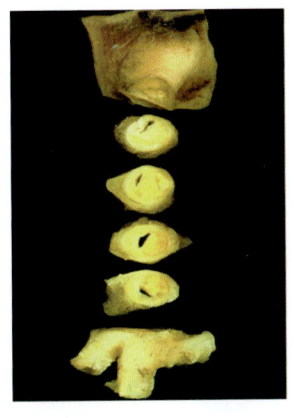

图5-24　主动脉管腔狭窄

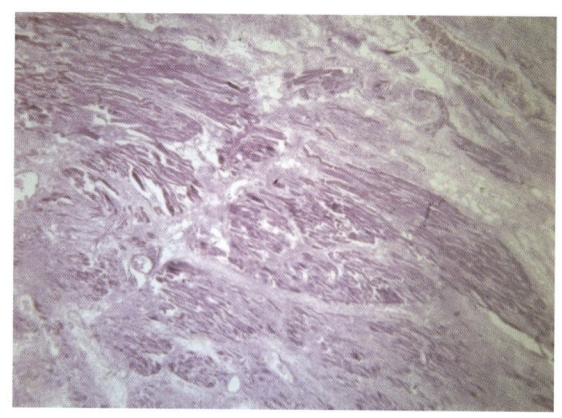

图 5-25　右心室灶性坏死区

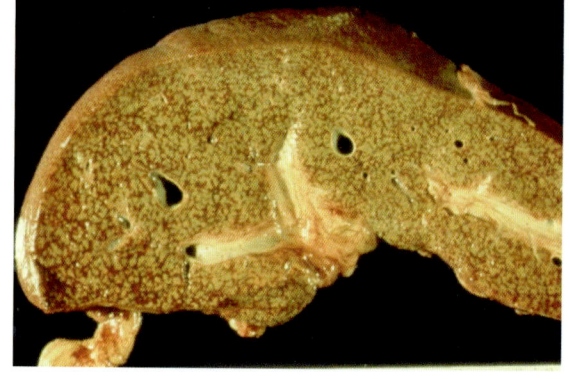

图 5-26　肝肉眼观

【讨论题】
1. 本病例的主要疾病是什么？死因是什么？
2. 试叙述冠心病的分类及其特点？
3. 试叙述动脉粥样硬化的病变特点。
4. 试分析本例肝的镜下有哪些改变。

病例（二）

【病史摘要】

患者，女性，10岁。因不规则发热，心慌气短、喘憋，痰中带血，下肢水肿入院。1个月前曾患急性扁桃体炎。入院时体格检查：端坐呼吸，T 38.5℃，P 150次/分，R 35次/min，口唇轻度发绀，颈静脉怒张。双肺底可闻及细湿啰音，心界扩大，心音低钝，可闻及心包摩擦音。肝肋下2cm，有触痛，双下肢凹陷性水肿。实验室检查：抗"O"800单位，红细胞沉降率为45mm/h。

三天后因呼吸、循环衰竭而死亡。

【尸检所见】

取部分心肌组织做病理切片，观察到心肌间质明显水肿，弥漫性炎细胞浸润；心肌间质结缔组织内小血管旁见风湿小体（图5-27）；高倍镜见枭眼样细胞和毛虫样细胞（图5-28）。

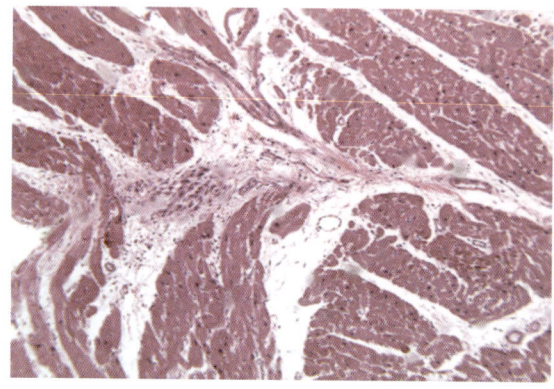

图 5-27　风湿小体

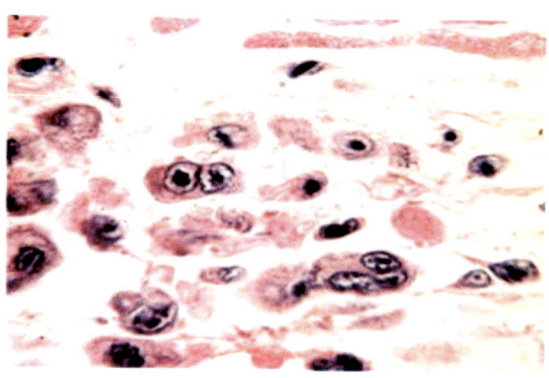

图 5-28　枭眼样细胞和毛虫样细胞

【讨论题】
1．对本病例应做何诊断？依据是什么？
2．风湿病镜下 - 肉眼 - 表现之间的联系？

病例（三）

【病史摘要】
患者，男性，62岁。因突然昏迷2h而入院。患者10年前发现有高血压，血压24～34/13～16kPa（1kPa = 7.5mmHg）。近年来常感心悸，尤以体力活动时为著；近半个月来常觉后枕部头痛、头晕、四肢发麻；今晨上厕所时突然跌倒，不省人事，左侧上下肢不能活动并有尿失禁。体格检查：T 38℃，P 60次/分，R 16次/分，BP 28/16kPa。神志不清，呼吸深沉，鼾声大，面色潮红，左侧鼻唇沟较浅。颈项稍强直；心尖搏动明显，呈抬举样，心浊音界向左略扩大，心律齐，主动脉瓣第二心音亢进；左侧上下肢呈弛缓性瘫痪，腱反射消失。实验室检查：WBC18.5×10^9/L，N 0.80，L 0.20。尿常规检查：蛋白（++），红细胞（+），管型（+）。脑脊液呈血性。入院后给予吸氧、降压药、脱水剂及止血药等治疗，疗效不明显，患者昏迷不断加深，继之呼吸不规则，终因呼吸、心搏骤停而死亡。

【尸检所见】
脑右侧内囊处可见3cm×2cm×2cm血肿（图5-29），局部脑组织坏死、出血，脑室内见大量凝血块，脑桥、中脑部分区域亦见出血灶。心脏增大，约为死者右拳的1.5倍，左心室壁显著增厚，乳头肌增粗（图5-30）。

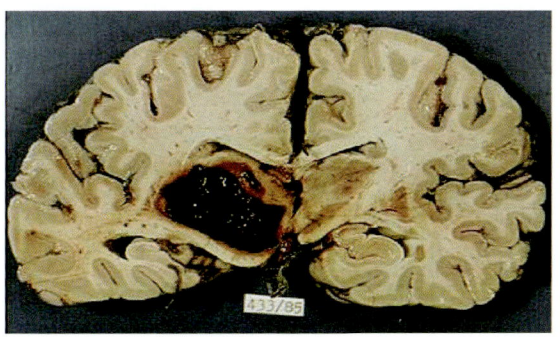

图5-29　脑内囊处血肿

【组织切片镜检】
心肌纤维明显变粗，细胞核亦肥大（图5-31）；两肾体积缩小，表面呈细颗粒状，切面皮质变薄，皮髓质分界不清；入球小动脉及肾小球玻璃样变性，肾小管萎缩、消失（图5-32），残留肾小球及肾小管代偿性肥大，肾间质纤维组织增生，散在淋巴细胞浸润（图5-33）；脾中央动脉玻璃样变性（图5-34）。

【讨论题】
1．患者所患的是什么病？死亡原因是什么？
2．请对心脏病变做出诊断，并指出其相应的症状和体征。
3．肾病变与高血压的关系如何？

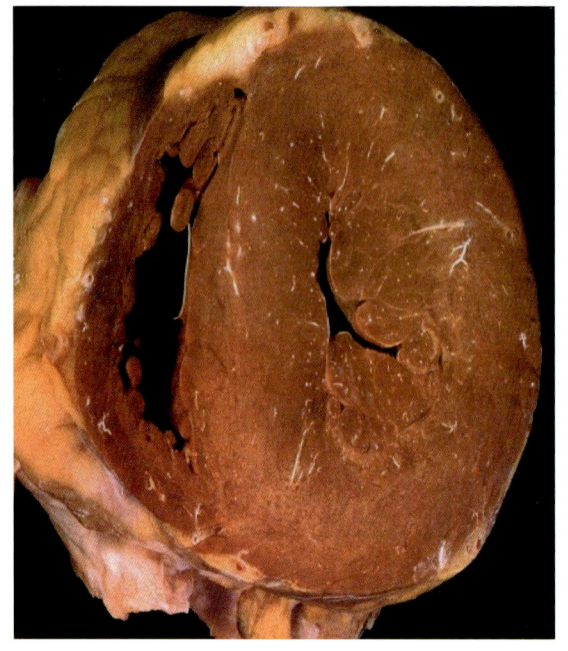

图 5-30 乳头肌增粗

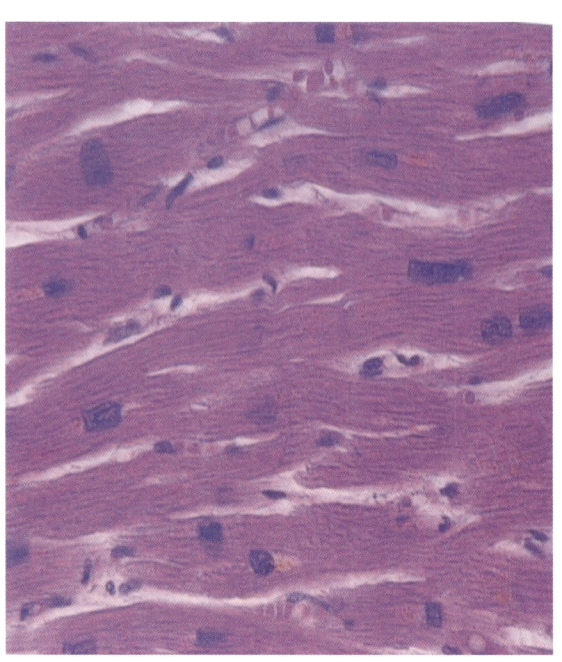

图 5-31 细胞核肥大

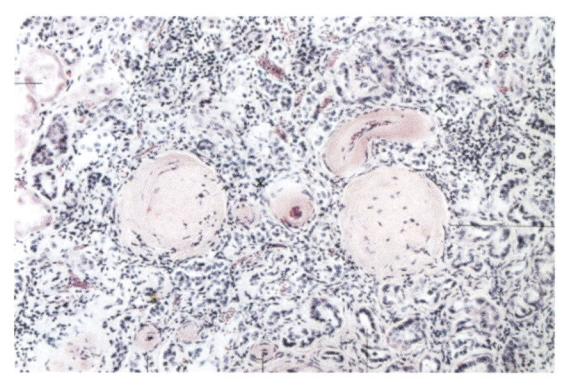

图 5-32 肾小管萎缩、消失

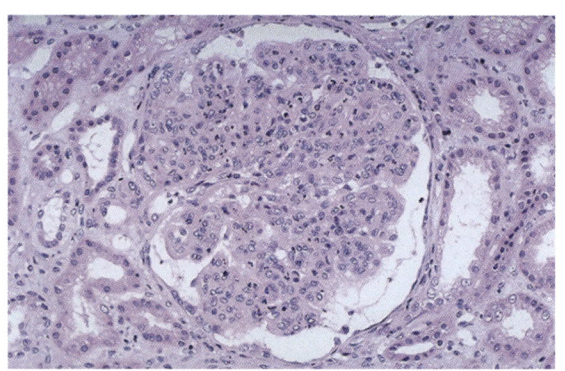

图 5-33 肾间质纤维组织增生，淋巴细胞浸润

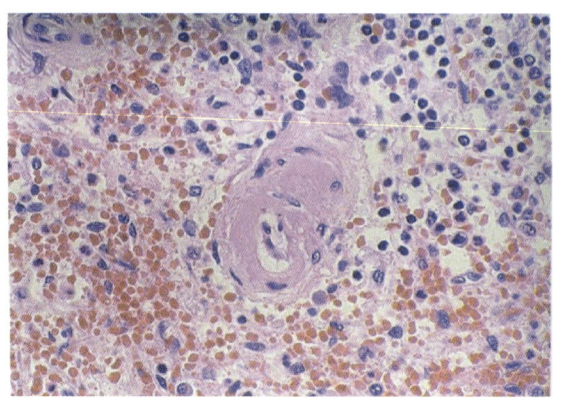

图 5-34 脾中央动脉玻璃样变性

第六章　呼吸系统疾病

一、目的要求

1. 理解慢性支气管炎、肺气肿、肺心病影像学表现及临床病理联系。
2. 能够区分大叶性肺炎、小叶性肺炎的病变特点，理解其相应临床表现及并发症。
3. 具备慢性肺源性心脏病的诊断能力，理解肺源性心脏病病理改变与心电图表现之间的关系。
4. 具备诊断、预防肺癌的能力。

二、实习内容

疾病
（1）慢性支气管炎
（2）慢性阻塞性肺气肿
（3）慢性肺源性心脏病
（4）大叶性肺炎
（5）小叶性肺炎
（6）肺癌

（一）慢性支气管炎

1. 组织切片观察

（1）低倍镜：肺组织固有结构尚存，细小支气管内可见分泌物潴留（图6-1）。

（2）高倍镜：支气管黏膜上皮杯状细胞数量增多，部分上皮细胞坏死脱落，可见鳞状上皮化生。固有层内黏液腺体增生肥大，分泌亢进，管壁各层可见纤维组织增生以及慢性炎细胞浸润（图6-2）。

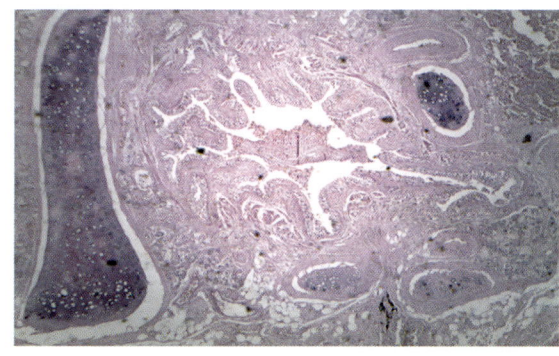

图6-1　慢性支气管炎组织切片低倍镜下观

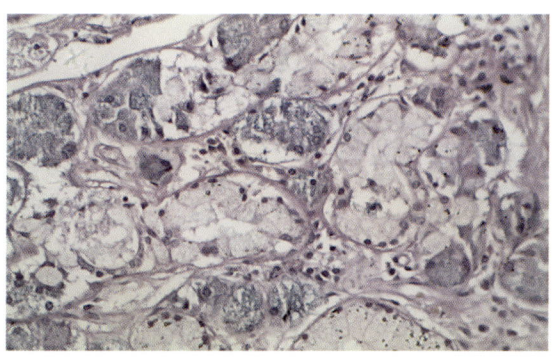

图6-2　慢性支气管炎组织切片高倍镜下观

(3) 诊断要点：①支气管黏膜上皮坏死脱落，鳞状上皮化生；②黏液腺肥大；③支气管壁各层有慢性炎细胞浸润。

（二）慢性阻塞性肺气肿

1．大体标本观察（图6-3）　肺叶呈弥漫性膨大，边缘变钝，质地松软，切面呈蜂窝状，肺膜下可见大小不等的囊腔（肺大疱）。

2．组织切片观察

（1）低倍镜：部分肺泡管和肺泡囊以及肺泡腔明显扩张呈囊状，细小支气管壁增厚。

（2）高倍镜（图6-4）：肺泡间隔变薄，断裂，肺泡相互融合形成囊状结构，肺泡壁毛细血管数量减少，细小支气管管壁可见大量慢性炎细胞浸润。

（3）诊断要点　①肺泡扩张融合，肺泡间隔断裂；②细小支气管慢性炎细胞浸润。

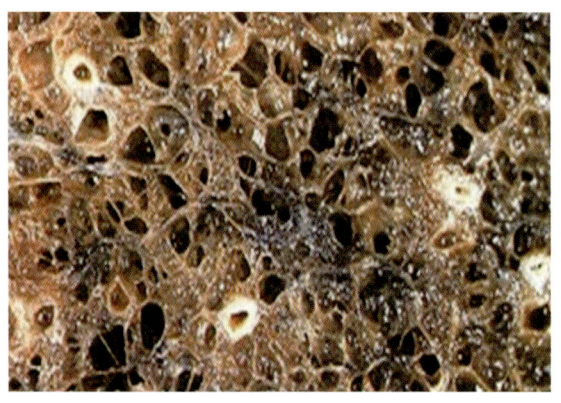

图6-3　慢性阻塞性肺气肿大体标本肉眼观

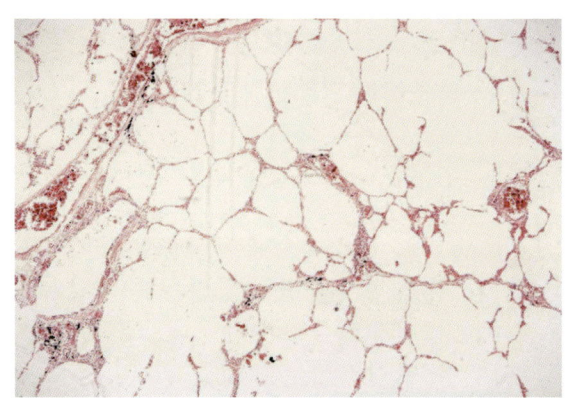

图6-4　慢性阻塞性肺气肿组织切片高倍镜下观

（三）慢性肺源性心脏病

1．大体标本观察（图6-5）：心脏体积增大，心尖钝圆，右心室扩张，乳头肌增粗，心室壁明显增厚。

2．组织切片观察　代偿区心肌细胞肥大、增宽，核增大、深染。

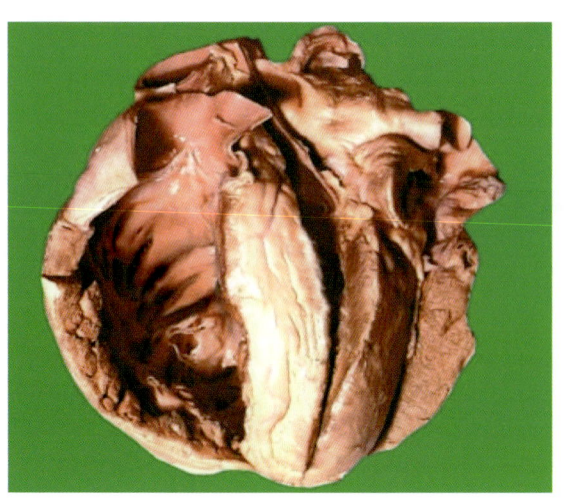

图6-5　慢性肺源性心脏病大体标本观察

（四）大叶性肺炎

分四个时期：充血水肿期，红色肝样变期，灰色肝样变期，溶解消散期。

1．充血水肿期

（1）大体标本观察（图6-6）：见肺体积肿大，颜色暗红，质地柔软，切面挤出泡沫血性浆液。

（2）组织切片观察（图6-7）

1) 肺泡壁：毛细血管扩张充血。

2) 肺泡腔：见大量浆液，少量红细胞、中性粒细胞，细菌：(+)。

图6-6　大叶性肺炎充血水肿期　　　　图6-7　大叶性肺炎组织切片观察

2．红色肝样变期

（1）大体标本观察（图6-8）：病变肺叶肿胀，暗红色，质实，切面灰红，似肝。

（2）组织切片观察（图6-9）

1) 肺泡壁：毛细血管显著扩张充血。

2) 肺泡腔：纤维素增多，大量红细胞，细菌：(+)。

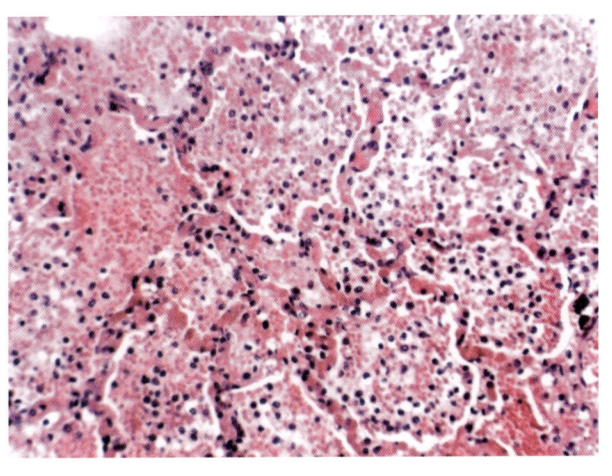

图6-8　大叶性肺炎红色肝样变　　　　图6-9　大叶性肺炎红色肝样变组织切片观察

3．灰色肝样变期

（1）大体标本观察（图6-10）：病变肺叶肿胀，灰白色，质实如肝。

（2）组织切片观察（图6-11）

1）肺泡壁：毛细血管受压变细。

2）肺泡腔：纤维素增多，大量中性粒细胞。

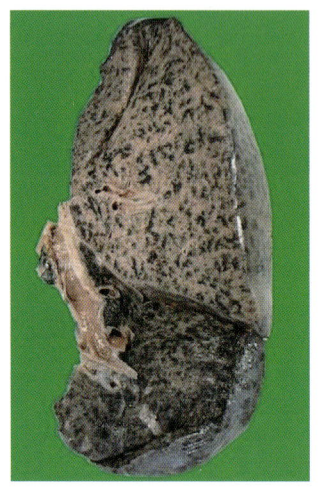

图6-10　大叶性肺炎灰色肝样变肉眼观

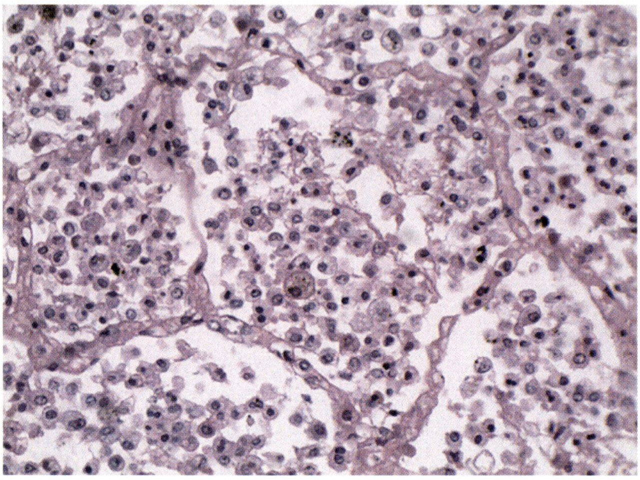

图6-11　大叶性肺炎灰色肝样变组织切片观察

4．溶解消散期

（1）大体标本观察：实变病灶消失，结构恢复正常。

（2）组织切片观察：纤维素溶解吸收，腔内大量巨噬细胞。胸膜渗出液吸收或机化。

诊断要点：肺泡腔内见大量纤维素和中性粒细胞渗出。

（五）小叶性肺炎

1．大体标本观察（图6-12）：肺叶内散在直径为1cm左右的病灶，多发性，以下叶和背侧较重，灰白或灰黄色，部分病灶融合，明显实变，病灶中心可见扩张的细小支气管，病灶之间肺泡扩张。

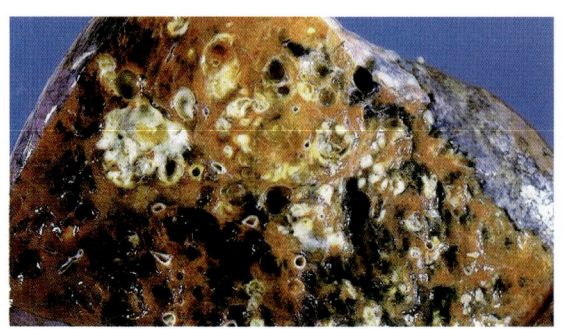

图6-12　小叶性肺炎组织切片观察

2．组织切片观察

（1）低倍镜（图6-13）：部分肺泡管和肺泡囊以及肺泡腔明显扩张呈囊状，细小支气管壁增厚。

（2）高倍镜（图6-14）：病灶中心可见细支气管，黏膜上皮细胞部分坏死脱落，腔内可见脓性分泌物，周围肺泡腔内可见多量中性粒细胞、少量巨噬细胞、浆液以及纤维素等，部分病灶内肺组织固有结构破坏，形成小脓肿。病灶之间肺泡腔扩张，其中可见多少不等的浆液和中性粒细胞，肺泡壁毛细血管明显扩张充血。

（3）诊断要点

1）肺内弥漫散在的化脓性病灶。

2）病变细支气管及所属肺泡腔内的渗出物主要为中性粒细胞。

3）病灶间可见正常肺泡和代偿性扩张的肺泡。

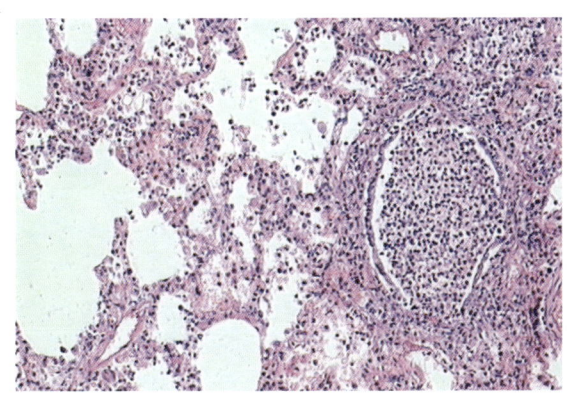

图 6-13　小叶性肺炎组织切片低倍镜下观　　　　图 6-14　小叶性肺炎组织切片高倍镜下观

（五）肺癌

1．大体标本观察

（1）中央型肺癌（图6-15）：肺门部可见一个灰白色肿块，质地松脆，无包膜，切面灰白色，粗糙。支气管壁被瘤组织侵蚀破坏，部分区域肿瘤组织向腔内突出，使管腔狭窄或者阻塞。

（2）周围型肺癌（图6-16）：肺叶周边部见一个圆球形肿块，灰白色，边界清楚，无包膜，中心可见坏死出血。

（3）弥漫型肺癌：肺表面和切面均可见多数散在的灰白色斑片状病灶，质地松脆，可见坏死，与周围肺组织分界不清。

2．组织切片观察

（1）细支气管肺泡细胞癌（alveolar cell carcinoma）（图6-17）

1）低倍镜：肺组织大部分区域被腺管样结构所取代。

2）高倍镜：肺泡管和肺泡异常扩张，内壁衬以单层或多层柱状癌细胞，形成腺样结构。部分区域呈乳头状突起，边缘区可见癌细胞沿肺泡壁内侧生长，肺泡间隔保存完整。癌细胞大小近似，胞质丰富，异型性小。

3）诊断要点：①癌细胞沿肺泡壁生长，呈腺管状排列；②肺泡间隔保存完整。

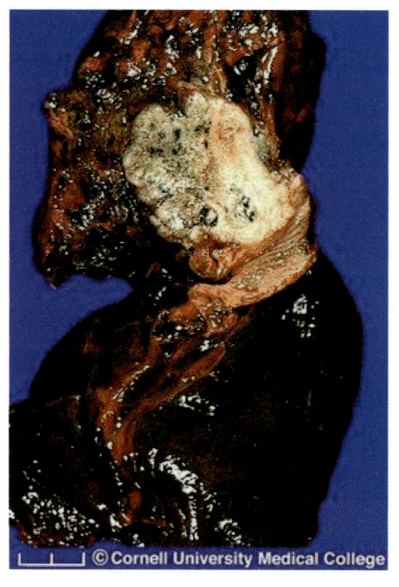

图 6-15　中央型肺癌大体标本肉眼观　　图 6-16　周围型肺癌大体标本肉眼观

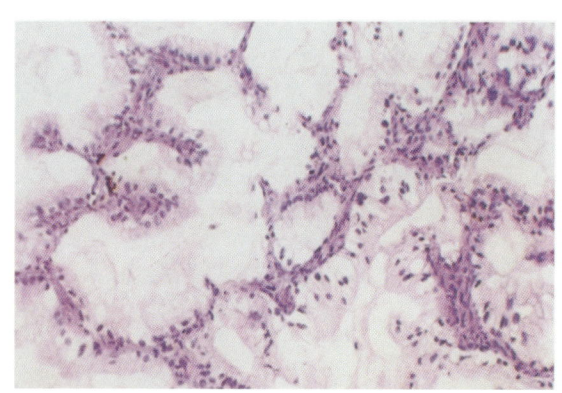
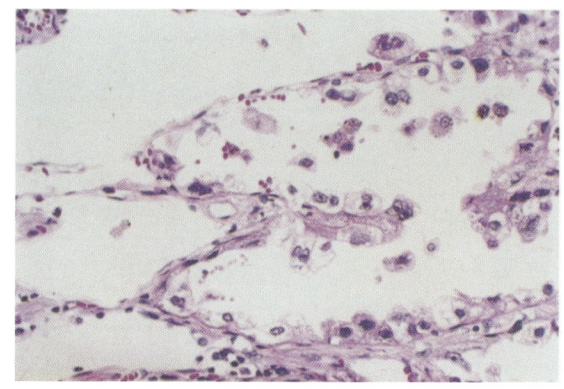

图 6-17　细支气管肺泡细胞癌组织切片镜下观

（2）肺小细胞癌（small cell carcinoma of lung）

1）低倍镜：肺组织大部分区域被破坏，局部出现体积较小的恶性肿瘤细胞。

2）高倍镜（图 6-18）：肿瘤细胞体积较小，一部分如小淋巴细胞大小，核圆形，染色较深，胞质较少；一部分呈短梭形，核深染，一端较细，另一端较粗，呈葵花子状或燕麦状；另一部分细胞体积较大，形状不规则。

3）诊断要点：①肺组织内见浸润性生长的恶性肿瘤细胞。②瘤细胞体积较小并呈巢状排列，部分呈燕麦状。

（3）肺鳞状细胞癌（squamous cell carcinoma of lung）（图 6-19）

组织切片观察：癌细胞呈巢状排列，与间质分界清，癌细胞异型性明显，核分裂象多见，可见病理性核分裂象。高分化者，癌巢中可见角化珠和细胞间桥。

诊断要点：①癌细胞排列成巢，异型性明显；②癌巢内可见角化珠和细胞间桥。

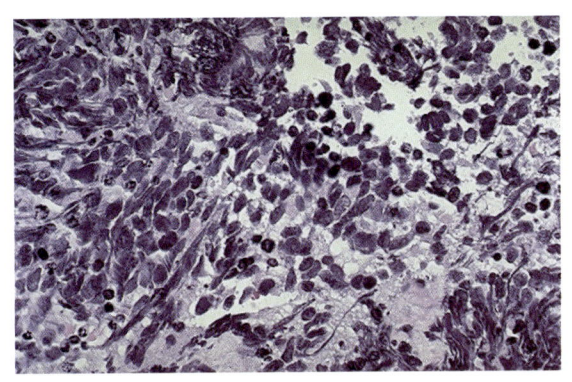
图 6-18　肺小细胞癌组织切片观察

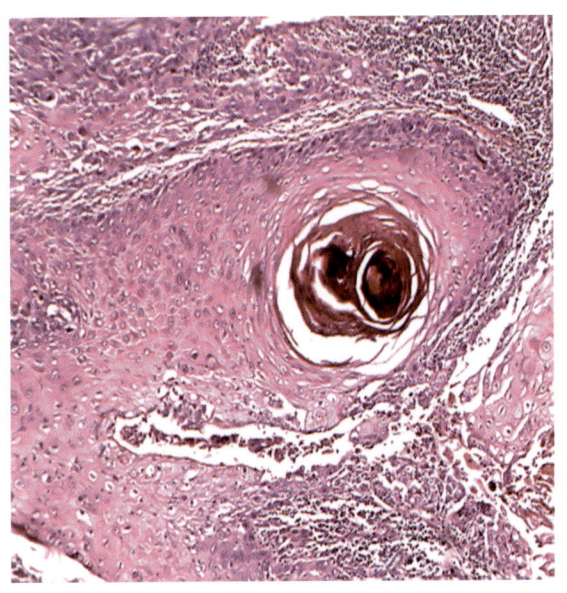
图 6-19　肺鳞状细胞癌组织切片观察

三、思考题

1．试述慢性支气管炎、肺气肿与慢性肺源性心脏病之间的发生发展关系。
2．大叶性肺炎病人为什么会出现咳嗽，咳铁锈色痰？为什么病人临床上发热，呼吸困难减轻时，咳痰量反而增加？
3．比较大叶性肺炎、小叶性肺炎的相同点和不同点。
4．肺癌的大体表现与组织学类型如何？各有何特殊表现？

四、病例讨论

病例（一）

【病史摘要】

患者，男性，68岁，清洁工。因心悸，气短，双下肢水肿5天来院就诊。15年来病人经常出现咳嗽，咳痰，尤以冬季为甚。近5年以来，自觉心悸，气短，活动后加重，有时双下肢水肿，但经过休息可以缓解。5天前因受凉病情加重，出现腹胀，不能平卧。病人有吸烟史48年。体格检查：病人端坐呼吸，神志清楚，有明显发绀，颈静脉怒张，桶状胸，叩诊双肺呈过清音，心音遥远。肝下缘在右锁骨中线肋缘下4cm，剑突下8cm，脾在肋下缘可以触及，腹部叩诊可见移动性浊音，双下肢凹陷性水肿。实验室检查：WBC 12.0×10^9/L，PaO_2 98kPa（74mmHg），$PaCO_2$ 80kPa（60mmHg）。

【讨论题】

1．根据学过的病理学知识，为该病人做出诊断，并提出诊断依据。
2．根据本例患者的症状、体征，推测肺部的病理变化。

3．试分析病人患病的原因和疾病的发展演变过程。
4．你学过的疾病中，有哪些可最终导致肺纤维化并发肺心病。

病例（二）

【病史摘要】

患者，男性，20岁，学生。酗酒后遭雨淋，于当天晚上突然起病，寒战、高热、呼吸困难、胸痛，继而咳嗽、咳铁锈色痰，被其家属急送当地医院就诊。体格检查：左肺下叶有大量湿啰音，触诊语颤增强。血常规，WBC $17×10^9$/L。X线检查，左肺下叶有大片致密阴影。入院经抗生素治疗，病情好转，各种症状逐渐消失。X线检查，左肺下叶的大片致密阴影缩小2/3面积。病人于入院后第7天自感无症状出院。冬季征兵体检，X线检查：左肺下叶有约3cm×2cm大小不规则阴影，周围边界不清，怀疑为"支气管肺癌"。在当地医院立即做肺下叶切除术。病理检查，肺部肿块肉眼为红褐色肉样，镜下为肉芽组织。

【讨论题】

1．患者发生了什么疾病？为什么起病急、病情重、预后好？
2．患者为何出现高热、寒战、白细胞计数增多？
3．患者为什么会出现咳铁锈色痰？
4．患者左肺下叶为什么会出现大片致密阴影？
5．怀疑左肺下叶的"支气管肺癌"在病理检查后确诊为什么病变？是如何形成的？
6．你学过的疾病中，有哪些最终可导致肺纤维化并发肺心病？

病例（三）

【病史摘要】

患者，男性，59岁。10天前因高热3天入院。入院前4个月以来，病人有咳嗽，痰内带血，而后出现胸闷、气短、食欲缺乏，明显消瘦，并时有低热。于入院前3天突发寒战、高热，体温持续在38～40℃。既往身体健康，吸烟37年。体格检查：T 39℃，P 92次/分，R 26次/分。神志清楚，急性病容。皮肤可见出血点，脾大。左锁骨上可触及直径为1～2cm的淋巴结4枚，质地硬，无压痛。实验室检查：Hb 68g/L，WBC $26×10^9$/L，N 0.98。胸部X线片显示左肺下叶主支气管阻塞，近肺门处可见5cm×6cm大小的致密阴影，左肺下叶内可见一直径为4cm的空洞。入院后进行积极抗感染治疗，但病情没有缓解。24h前心率增快，脉搏细弱，血压下降，而后陷入昏迷，经抢救无效死亡。

【尸检所见】

老年男尸，明显消瘦，皮色苍白，前胸及四肢皮肤可见多数出血点，左锁骨上淋巴结肿大，质地较硬。双下肢凹陷性水肿。

（1）肺：见左肺门处有一不规则肿块，6cm×5cm×5cm，质硬，切面灰白色。镜检（图6-20）可见肿块由异常增生的细胞构成，细胞呈巢状排列，肿瘤细胞体积较大，巢周围细胞呈短梭形，中间呈不规则形，病理性核分裂象多见，可见单个细胞角化，巢间为纤维组织。

（2）肝：肉眼见包膜紧张，切面外翻，右叶被膜下见3个直径为2.5cm的灰白色结节，中心可见坏死出血。镜检示灰白色圆形结节的组织结构与肺门肿块相同。

（3）肾：肉眼可见被膜下有多数小脓点。镜检可见肾小管上皮细胞肿胀，内含大量红染颗粒，皮质和髓质内可见多数小脓肿。

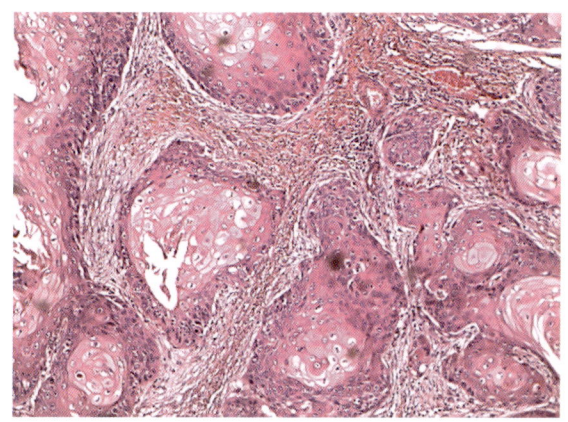

图 6-20 患者肺组织切片镜下观

【讨论题】
1. 分析该患者患有哪些疾病？并找出诊断依据。
2. 根据病史分析各种疾病的相互关系。

第七章 消化系统疾病

一、目的要求

1. 理解慢性胃溃疡的病理学特征、临床病理联系以及癌变的特点。
2. 能够区分慢性胃溃疡和溃疡型胃癌的病变特点并进行诊断,理解其相应的临床表现及并发症。
3. 具备各型肝炎的诊断能力,理解相关的临床表现。
4. 具备肝硬化诊断能力,理解门脉性肝硬化和坏死后性肝硬化之间的区别、病理变化与临床病理联系。
5. 具备食管癌、胃癌、肝癌、结肠癌诊断能力。

二、实习内容

疾病
(1) 慢性萎缩性胃炎
(2) 慢性胃溃疡
(3) 急性普通型病毒性肝炎
(4) 慢性活动性肝炎
(5) 急性重型肝炎
(6) 门脉性肝硬化
(7) 坏死后性肝硬化
(8) 食管癌
(9) 胃癌
(10) 大肠癌
(11) 原发性肝癌

(一)慢性萎缩性胃炎

1. 大体标本观察(图7-1)
(1) 正常黏膜色泽消失代之灰色。
(2) 胃黏膜变薄,皱襞变浅、消失。
(3) 黏膜下血管清晰可见。
2. 组织切片观察
(1) 低倍镜:病变区黏膜萎缩变薄,腺体变小并可有囊性扩张,数目减少(图7-2)。
(2) 高倍镜:黏膜上皮有明显的上皮化生(假幽门腺化生及肠上皮化生),固有层有不

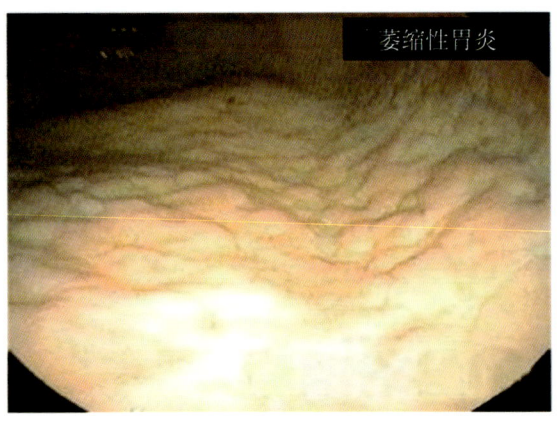

图7-1 慢性萎缩性胃炎大体标本肉眼观

同程度的淋巴细胞和浆细胞浸润（图 7-3）。

(3) 诊断要点：①固有层腺体萎缩及肠上皮化生；②间质内有慢性炎细胞浸润。

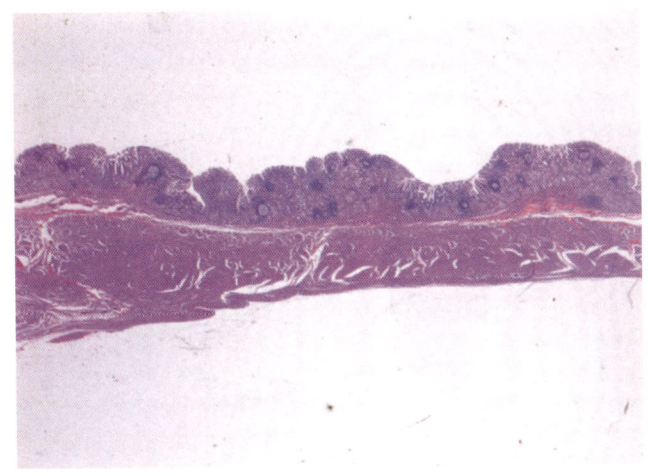

图 7-2　慢性萎缩性胃炎组织切片低倍镜下观

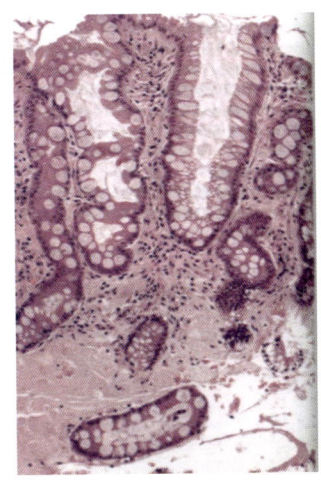

图 7-3　慢性萎缩性胃炎组织切片镜下观

（二）慢性胃溃疡

1. 大体标本观察（图 7-4）

(1) 胃黏膜面有一卵圆形溃疡病灶，直径小于 2cm。

(2) 溃疡边缘光滑整齐，底部平坦干净，周边黏膜萎缩变薄，有时可见黏膜集中现象（即黏膜皱襞自溃疡向四周呈放射状排列）。

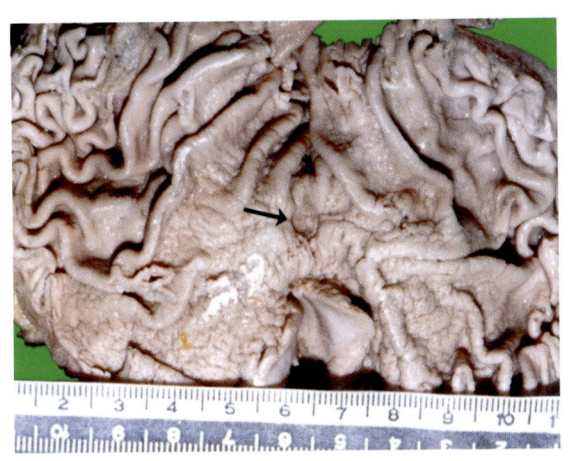

图 7-4　慢性胃溃疡大体标本肉眼观

2. 组织切片观察

(1) 低倍镜（图 7-5）：两侧为正常的胃组织，中间为溃疡部，凹陷缺损病灶深达肌层。

(2) 高倍镜（图 7-6）：溃疡底部从上到下可见四层结构。

1）渗出层：中性粒细胞和纤维素渗出。

2）坏死层：红染、无结构的坏死物质。
3）肉芽组织层：幼稚的纤维结缔组织，成纤维细胞、毛细血管较多，少许炎细胞浸润。
4）瘢痕组织层：由纤维组织组成，可发生玻璃样变性。

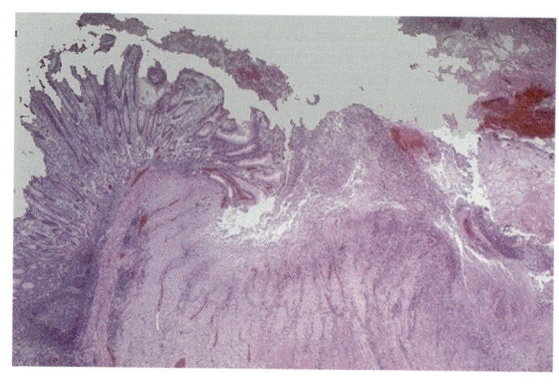

图 7-5　慢性胃溃疡组织切片低倍镜下观　　　　　图 7-6　慢性胃溃疡组织切片高倍镜下观

（3）诊断要点：①胃黏膜局部组织呈凹陷缺损；②其底部从上至下可见典型的四层结构。

（三）急性普通型病毒性肝炎

急性普通型病毒性肝炎组织切片观察见图 7-7：

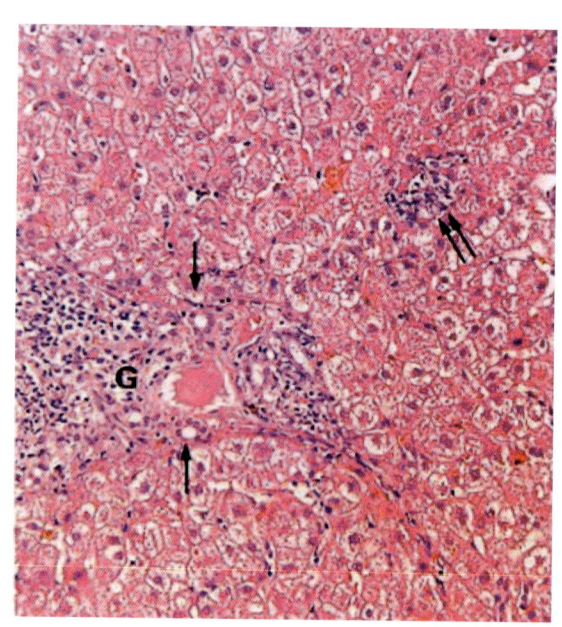
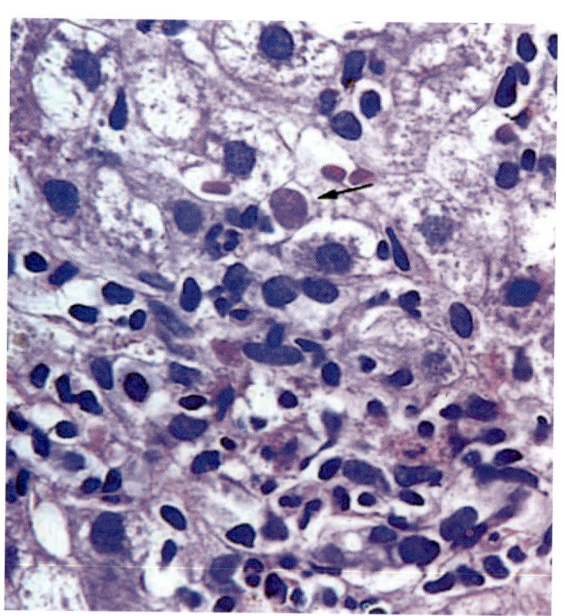

图 7-7　急性普通型病毒性肝炎组织切片镜下观

1. **低倍镜**：①肝细胞广泛水肿，坏死轻微；②肝细胞肿胀，排列拥挤，肝窦受压变窄；③汇管区炎细胞浸润。
2. **高倍镜**：①肝细胞体积变大，胞质疏松化和气球样变；②灶状肝细胞坏死（点状坏死）；③肝细胞嗜酸性变并可见嗜酸性小体；④汇管区浸润的炎细胞主要为淋巴细胞和单核细胞。

3．诊断要点：①肝细胞广泛水肿变性；②点状坏死；③少量炎细胞浸润。

（四）慢性活动性肝炎

组织切片观察：

1．低倍镜　肝细胞变性坏死较广泛，肝小叶内有灶状或条带状坏死。

2．高倍镜　①肝小叶界板的肝细胞呈碎片状坏死（图7-8），界板破坏；②小叶中央静脉与汇管区之间或两个中央静脉之间出现肝细胞坏死带，即桥接坏死（图7-9）。坏死灶内见较多慢性炎细胞浸润。

3．诊断要点　①碎片状坏死；②桥接坏死。

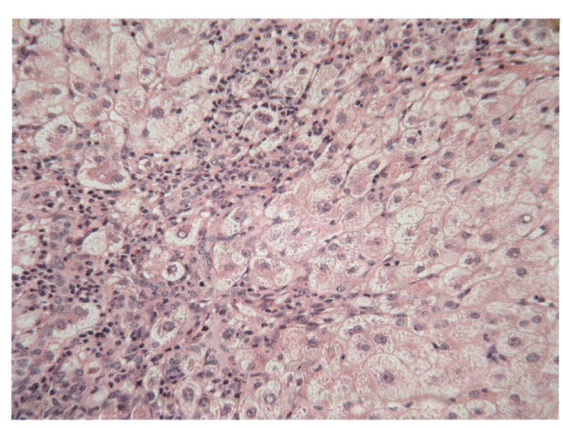

图7-8　慢性活动性肝炎的碎片状坏死　　　　　图7-9　慢性活动性肝炎的桥接坏死

（五）急性重型肝炎

1．大体标本观察（图7-10）

（1）肝体积明显缩小。

（2）边缘变锐，包膜皱缩，质地柔软。

（3）表面及切面呈黄色或红褐色，切面无光泽，与脾相似。

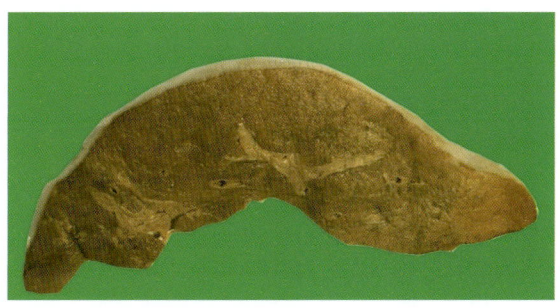

图7-10　急性重型肝炎（急性黄色肝萎缩）

2．组织切片观察

（1）低倍镜（图7-11）：①肝组织呈现广泛性大片坏死，累及肝小叶大部，仅小叶边缘残存少量肝细胞；②小叶内及汇管区有较多炎细胞浸润；③肝窦扩张充血、出血，不见再生结节。

（2）高倍镜（图7-12）：①肝索解离，肝细胞溶解，呈现弥漫性的大片坏死；②浸润的炎细胞主要为淋巴细胞和单核细胞。

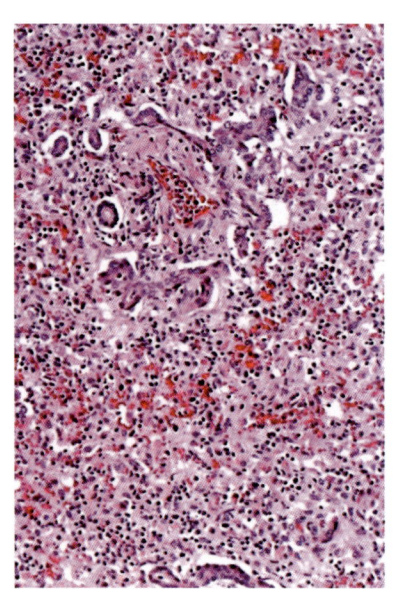

图 7-11　急性重型肝炎组织切片低倍镜下观　　　　图 7-12　急性重型肝炎组织切片高倍镜下观

（3）诊断要点
1）肝组织广泛大片状坏死。
2）残留肝细胞再生现象不明显。
3）肝窦显著扩张充血、出血。

（六）门脉性肝硬化

1．大体标本观察（图7-13）

（1）肝体积缩小。
（2）表面及切面可见大小比较一致的小结节，直径小于 0.5cm，结节呈黄褐色或黄绿色。
（3）结节周边有纤维组织包绕，纤维间隔多呈灰白色。

2．组织切片观察

（1）低倍镜（图7-14）：①正常肝小叶结构破坏，由大小不等、圆形或椭圆形肝细胞团（假小叶）组成；②假小叶周边围绕以较多的纤维组织，其中有淋巴细胞浸润及小胆管增生。

（2）高倍镜：假小叶具有以下特点：①肝细胞索排列紊乱，部分肝细胞变性坏死并可见再生肝细胞；②中央静脉缺如、偏位或有两个以上的中央静脉；③部分假小叶内见有汇管区。

（3）诊断要点：正常肝小叶结构完全破坏，由假小叶取代。

图 7-13　门脉性肝硬化大体标本肉眼观

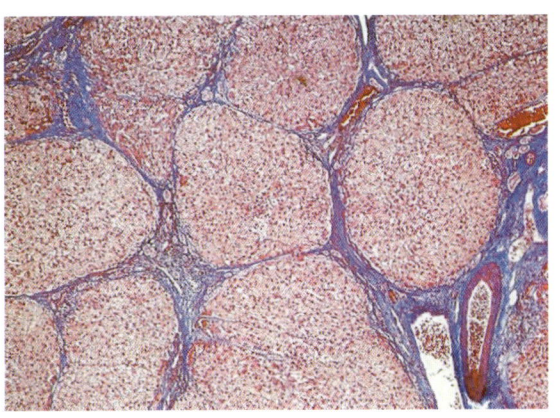

图 7-14　门脉性肝硬化组织切片镜下观

（七）坏死后性肝硬化

1．大体标本观察（图 7-15）

（1）肝体积缩小。

（2）表面及切面布满大小不等的结节，结节大小悬殊，直径多在 0.5cm 以上。

（3）结节周围有纤维组织包绕，纤维间隔较宽，宽窄不一。

2．组织切片观察

（1）低倍镜：纤维组织增生，取代原来的小叶坏死区，形成较宽的纤维性间隔，并将肝小叶分割成大小不等的假小叶，大者可包括几个正常肝小叶。

（2）高倍镜：①假小叶内肝细胞常有不同程度的变性和胆色素沉着；②假小叶间的纤维间隔较宽阔且厚薄不均，其中炎细胞浸润、小胆管增生较显著。

（3）诊断要点：①大小不等的假小叶形成，其内肝细胞常有变性坏死和胆色素沉着；②假小叶间纤维间隔较宽且厚薄不均，炎细胞浸润和小胆管增生显著（图 7-16）。

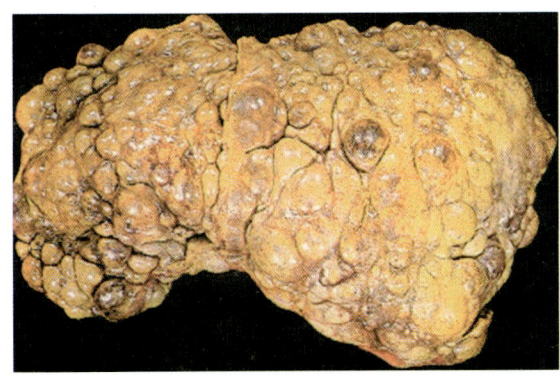

图 7-15　坏死后性肝硬化大体标本肉眼观

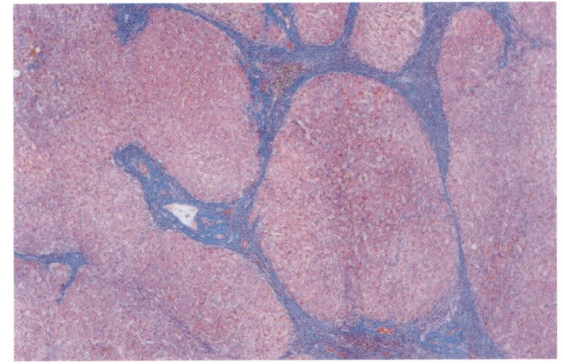

图 7-16　坏死后性肝硬化组织切片镜下观

（八）食管癌（esophageal carcinoma）

1．大体标本观察

（1）髓质型（medullary form）：①食管壁均匀增厚，管腔变窄。②切面癌组织为灰白色，质软如脑髓，表面可见浅表溃疡。

（2）蕈伞型（fungating type）：卵圆形扁平肿块，如蘑菇状突入食管腔内。

（3）溃疡型（ulcerating form）：表面形成溃疡，溃疡外形不整，边缘隆起，底部凹凸不平，深达肌层。

（4）缩窄型（constrictive form）：①癌组织于管壁内浸润生长，累及食管全周，形成明显的环形狭窄，黏膜皱襞消失；②近端食管腔明显扩张；③病变处食管厚而硬，癌组织与周围组织分界不清。

2．食管鳞状细胞癌（esophageal squamous cell carcinoma）组织切片观察

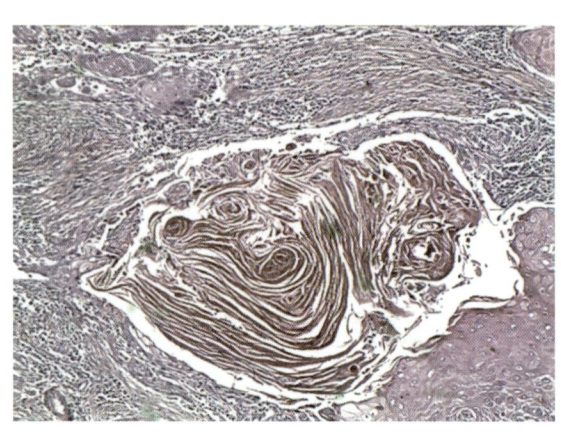

图7-17　食管癌组织切片观察

（1）低倍镜：①食管的复层鳞状上皮被癌组织取代。②癌组织不但向表面生长，而且突破黏膜肌层，侵入黏膜下层和肌层。

（2）高倍镜：①癌组织呈条索状、片块状或巢状散在分布，部分癌巢中心有红色无结构呈同心圆状角化物质（角化珠）；②癌巢内细胞异型性明显，核大小不等，呈圆形、卵圆形或不规则形，染色深，核仁增大，核分裂象多见；③癌细胞巢之间有结缔组织分隔，实质与间质分界清楚。

（3）诊断要点：①癌组织呈条索状或巢状、片块状分布；②癌细胞异型性明显；③部分癌巢中心有角化珠（图7-17）。

（九）胃癌（gastric carcinoma）

见第四章。

（十）大肠癌（carcinoma of large intestine）

（1）溃疡型（ulcerating form）：局部肠黏膜坏死脱落形成火山口状溃疡，边缘较硬而隆起，底部呈结节状。

（2）隆起型（projection form）：肿瘤隆起，呈息肉型或盘状，向肠腔突出。

（3）浸润型（infiltrating form）：肿瘤向肠壁深层浸润，累及肠管全周，局部肠壁增厚，肠腔呈环状狭窄。

（十一）原发性肝癌（primary carcinoma of liver）

1．大体标本观察

（1）巨块型（massive form）：①肿瘤为一圆形实体巨块；②癌块质地较软，中心部常有出血坏死；③在大的癌块周边常有散在小的癌结节。

（2）结节型（nodular form）：①癌结节多个散在，呈圆形或椭圆形，大小不等，有的可以互相融合成较大结节；②被膜下的结节向表面隆起，致肝表面凹凸不平。

（3）弥漫型（diffuse form）：癌组织在肝内弥漫分布，无明显的结节或形成极小结节，常伴有结节性肝硬化。

2．肝细胞癌（hepatocellular carcinoma）组织切片观察

（1）低倍镜：①癌细胞排列呈小梁状，似肝细胞索，小梁间为血窦；②癌细胞染色较深。

(2）高倍镜：①癌细胞呈多边形，胞质丰富，颗粒状，嗜酸性，核大深染，核质比例增大；②分化差者癌细胞异型性明显，常有巨核及多核瘤巨细胞，少数癌细胞胞质内可见胆色素。

（3）诊断要点：①癌细胞呈团块状、条索状排列，间质血窦丰富；②癌细胞呈多边形，胞质丰富，颗粒状，异型性明显。

三、思考题

1．慢性胃溃疡具有哪些病变特点？与恶性溃疡如何鉴别？
2．急性重型肝炎与亚急性重型肝炎的大体及镜下改变有何不同？
3．在形态学上如何区分门脉性肝硬化与坏死后性肝硬化？
4．门脉性肝硬化的临床病理联系如何？

四、病例讨论

病例（一）

【病史摘要】

患者，男性，75岁。间断上腹痛10余年，加重2周，呕血、黑便6h。10余年前开始无明显诱因间断上腹胀痛，餐后半小时明显，持续2～3h，可自行缓解。2周来加重，食欲缺乏，服中药后无效。6h前突感上腹胀、恶心、头晕，先后两次解柏油样便，共约700g，并呕吐咖啡样液1次，约200ml，此后心悸、头晕、出冷汗；发病来无眼黄、尿黄和发热。平素排尿排便正常，睡眠好。自觉近期体重略下降。既往30年前查体时发现肝功能异常，经保肝治疗后恢复正常，无手术、外伤和药物过敏史，无烟酒嗜好。体格检查：T36.7℃，P108次/分，R 22次/分，BP 90/70mmHg。神清，面色稍苍白，四肢湿冷，无出血点和蜘蛛痣，全身浅表淋巴结不大，巩膜无黄染，心肺无异常。腹平软，未见腹壁静脉曲张，上腹轻压痛，无肌紧张和反跳痛，全腹未触及包块，肝脾未及，腹水征（-），肠鸣音10次/分，双下肢不肿。实验室检查：Hb：82g/L，WBC：5.5×10^9/L，分类N69%，L28%，M3%，PLT：300×10^9/L，粪便隐血试验阳性。

【讨论题】

1．根据学过的病理学知识，为该病人做出诊断，并提出诊断依据。
2．患者应做的进一步检查和治疗原则是什么？

病例（二）

【病史摘要】

患者，男性，47岁，农民。水肿、腹胀3个月，近一周加重。患者于4年前罹患肝炎，屡经治疗，反复多次发病。近两年全身疲乏，不能参加劳动，并有下肢水肿。近3个月腹部逐渐膨胀，一周前因过度劳累同时大量饮酒，腹胀加重。患者食欲缺乏，便溏泻，每日3～4次，尿量少而黄。患者常年嗜酒，除4年前罹患肝炎外无其他疾病。体格检查：面色萎黄，巩膜及皮肤轻度黄染，颈部两处有蜘蛛痣，心肺未见异常。腹部膨隆，腹围93cm，有中等量腹水，腹壁静脉曲张，肝于肋缘下未触及，脾大在左肋缘下 1.5cm。下肢有轻度水肿。

实验室检查：RBC 3.27×10^{12}/L，Hb 70g/L；血清总蛋白 52.3g/L，白蛋白 24.2g/L，球蛋白 28.1g/L；黄疸指数 18 单位，谷丙转氨酶 102U/L。X 线检查：胃镜检查提示食管下段静脉曲张（图 7-18）。临床诊断：肝硬化（失代偿期）。[临床检查正常值：血清总蛋白：60～80g/L（6～8g/dl），白蛋白 40～55g/L（4～5.5g/dl），球蛋白 20～30g/L（2～3g/dl），白蛋白/球蛋白比值（1.5～2.5）：1，谷丙转氨酶 Reitman 法（0～40U/L）]。

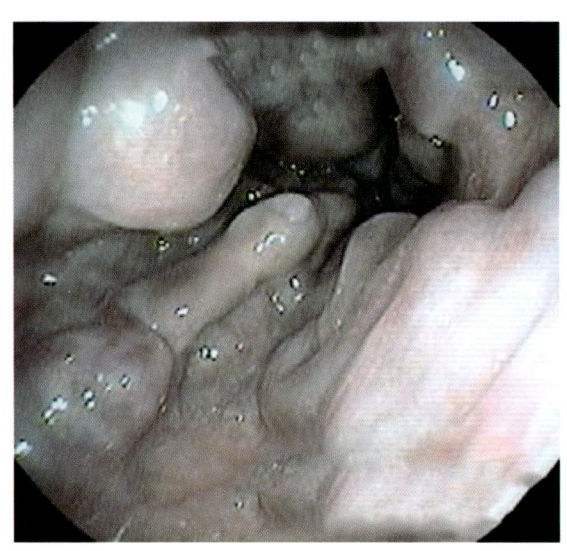

图 7-18 肝硬化患者食管静脉曲张

【讨论题】

1．你是否同意本病的诊断？为什么？
2．病人为什么会出现腹壁静脉和食管下段静脉曲张？请用病理学知识解释。
3．本例患者的黄疸、腹水、水肿、脾大怎么产生的？
4．本例肝可能出现哪些大体和镜下改变？

第八章 泌尿系统疾病

一、目的要求

1. 理解各型肾小球肾炎的病理学基础及相应的临床表现。
2. 理解急、慢性肾盂肾炎的病理变化特点与临床病理联系。
3. 能够理解肾癌的常见组织学类型。

二、实习内容

疾病
(1) 弥漫性毛细血管内增生性肾小球肾炎
(2) 新月体性肾小球肾炎
(3) 弥漫性硬化性肾小球肾炎
(4) 慢性肾盂肾炎
(5) 肾细胞癌

（一）弥漫性毛细血管内增生性肾小球肾炎

1. 大体标本观察

(1) 肾体积肿大，包膜紧张，表面光滑，新鲜标本呈红色，称"大红肾"。肾表面或切面可见小出血点如蚤咬状，故又称蚤咬肾（图8-1）。

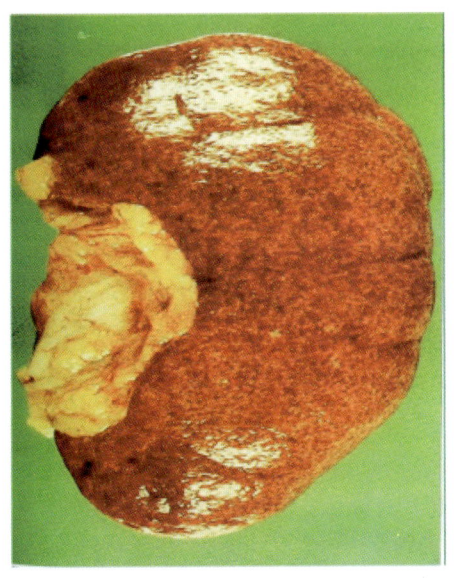 

图 8-1　肾小球肾炎大体标本肉眼观

（2）切面，皮质增厚，纹理模糊，髓质明显充血，皮髓质界限尚清楚。

2．组织切片观察

（1）低倍镜：病变弥漫，累及几乎所有肾小球，肾小球内细胞数目增多，肾小球体积增大，肾间质充血和炎细胞浸润（图8-2）。

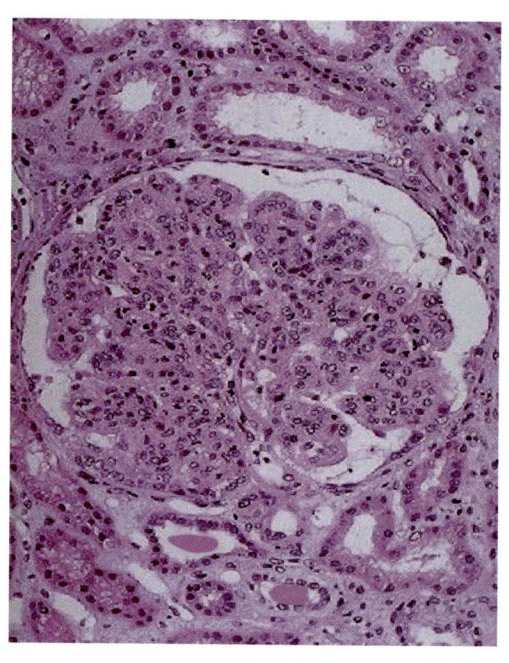

图8-2　肾小球肾炎组织切片低倍镜下观

（2）高倍镜：①肾小球内血管内皮细胞和系膜细胞增生肿胀伴少量中性粒细胞及单核细胞浸润，毛细血管腔狭小甚至闭塞，很少见到红细胞，肾小球呈贫血状态。②肾小管尤其近曲小管上皮细胞肿胀，颗粒变性，部分肾小管内可见蛋白及白细胞管型。③肾间质毛细血管扩张充血及炎细胞浸润。

（3）诊断要点：①肾小球内系膜细胞和内皮细胞增生及中性粒细胞浸润；②肾小球内细胞数目增多。

（二）新月体性肾小球肾炎

1．大体标本观察

（1）肾弥漫性肿大，包膜紧张，表面光滑，色苍白（图8-3）。

（2）切面皮质区常有点状出血。

2．组织切片观察

（1）低倍镜：多数肾小球内可见到新月体和环状体形成（图8-4）。

（2）高倍镜：①肾小球囊壁层上皮细胞高度增生成多层，状如新月（即新月体），有细胞性、纤维细胞性和纤维性三种形式，重者包绕整个血管丛，构成环状体。②部分肾小球毛细血管丛与增生的新月体相互粘连，肾小球囊或肾小球毛细血管丛受新月体压迫而塌陷并纤维化或完全玻璃样变性，其所属的肾小管亦发生萎缩。③部分肾小球正常或代偿性肥大，所属肾小管亦扩大。④间质纤维组织增生伴少量淋巴细胞浸润。

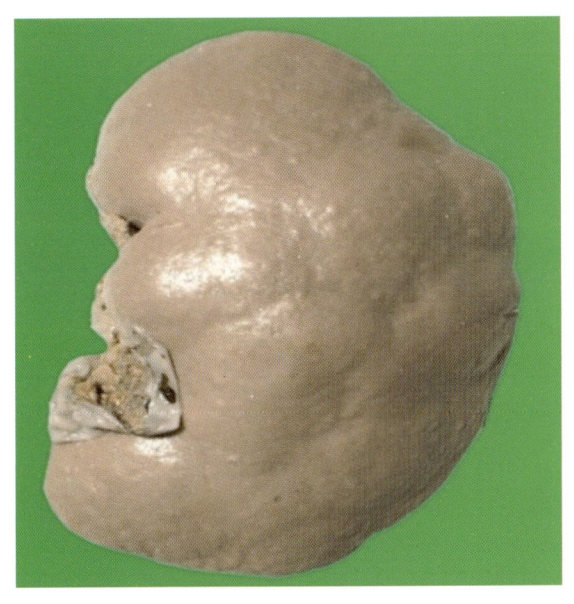

图8-3 新月体性肾小球肾炎大体标本肉眼观

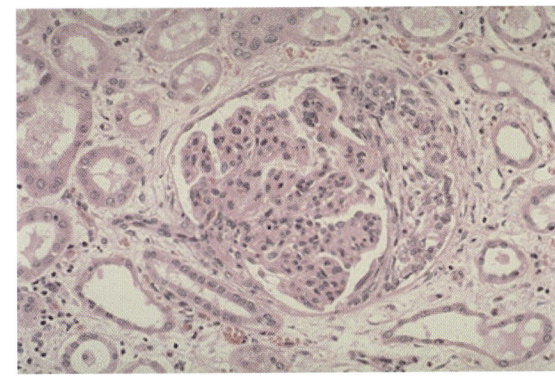

图8-4 新月体性肾小球肾炎组织切片低倍镜下观

（3）诊断要点：①大部分肾小球内有新月体形成。②新月体主要由肾小球囊壁层上皮细胞增生和渗出的单核细胞组成。

（三）弥漫性硬化性肾小球肾炎

1. 大体标本观察

（1）肾体积缩小，重量减轻，质硬，表面呈弥漫细颗粒状（图8-5）。

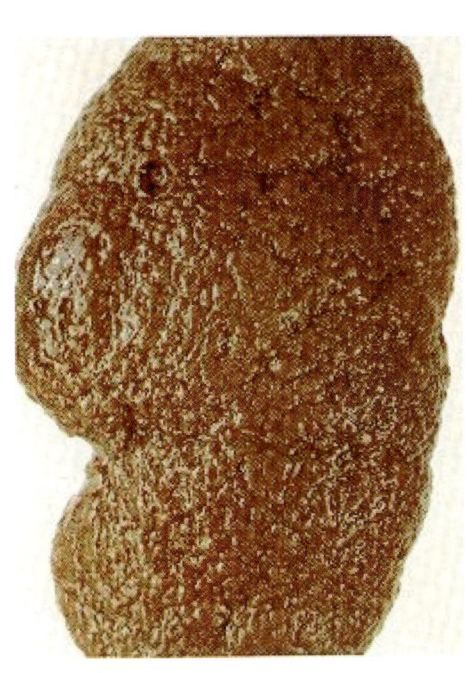
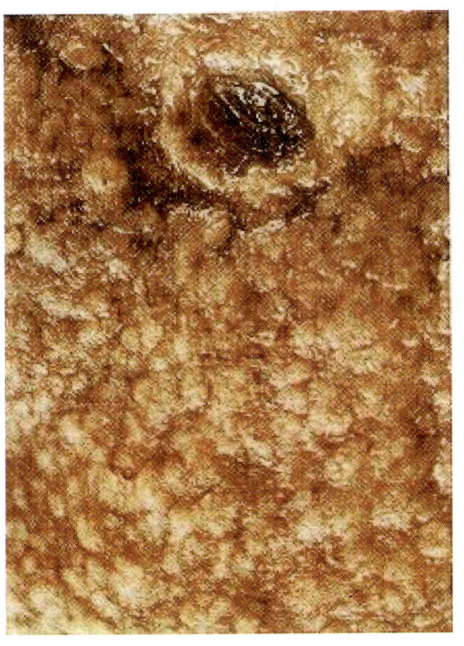

图8-5 弥漫性硬化性肾小球肾炎大体标本肉眼观

(2) 肾切面皮质萎缩变薄，条纹不清，皮、髓质界限不清。
(3) 肾小动脉硬化，管壁增厚。
(4) 肾包膜与皮质紧密粘连，不易剥离。

2．组织切片观察

(1) 低倍镜：病变弥漫，肾小球数目减少，部分肾小球纤维化、玻璃样变性。肾小球相对集中，部分肾小球、肾小管代偿性肥大、扩张。肾间质广泛结缔组织增生。

(2) 高倍镜：①受累肾小球萎缩，纤维化或玻璃样变性，相应肾小管也萎缩、纤维化或消失。②周围肾小球体积增大，肾小管扩张，其腔内可见各种管型。③肾间质大量纤维结缔组织增生伴淋巴细胞浸润，间质内细小动脉管壁增厚，玻璃样变性，管腔狭窄。

(3) 诊断要点：①大量肾小球纤维化及玻璃样变，所属肾小管萎缩消失。②存留肾单位代偿性肥大。③"肾小球集中"现象（图8-6）。

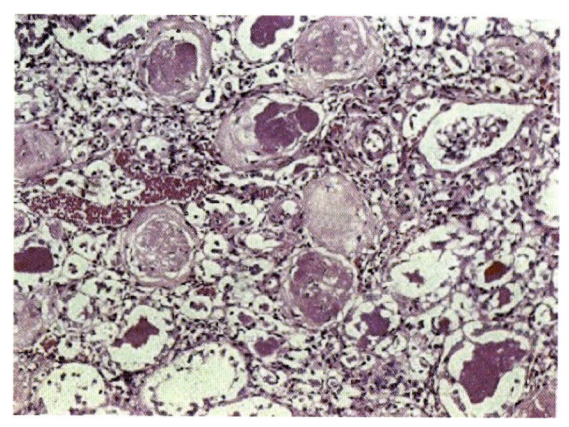

图8-6 "肾小球集中"现象

（四）慢性肾盂肾炎

1．大体标本观察

(1) 肾体积缩小，质硬，表面有大而不规则的凹陷瘢痕灶（图8-7）。
(2) 肾切面实质中见许多条索状瘢痕，肾盂肾盏变形，肾盂黏膜增厚、粗糙，肾乳头萎缩。
(3) 肾包膜与肾实质紧粘，难以剥离。

2．组织切片观察

(1) 低倍镜：病变灶性分布，夹杂于相对正常肾组织之间，肾间质内有大量纤维组织增生和较多的慢性炎细胞浸润。

(2) 高倍镜：①肾间质内有淋巴细胞、浆细胞和少量中性粒细胞浸润及纤维组织增生。②部分肾小球、肾小管也被累及而纤维化和萎缩，少数肾小管扩张，其中有均匀红染的胶样蛋白，个别腔内有中性粒细胞。③肾盂黏膜增厚，局部上皮脱落或鳞化。

(3) 诊断要点：①病变呈不规则片状。②间质纤维组织增生和急慢性炎细胞浸润。③肾盂黏膜增厚，局部上皮脱落或有鳞状上皮化生（图8-8）。

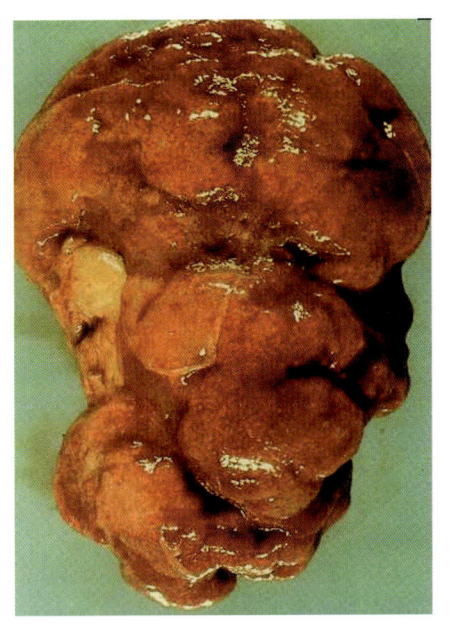
图 8-7　慢性肾盂肾炎大体标本肉眼观

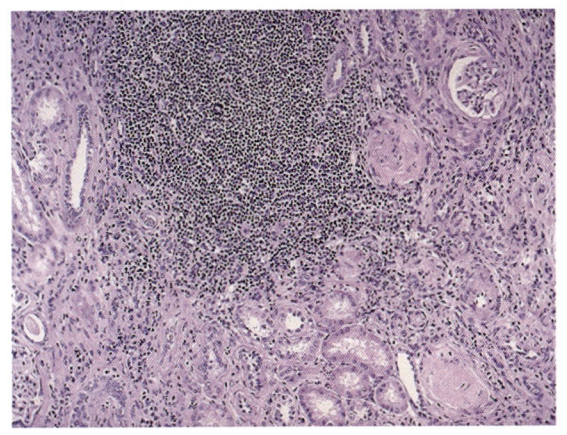
图 8-8　慢性肾盂肾炎组织切片镜下观

（五）肾细胞癌

1．大体标本观察（图 8-9）

（1）肿瘤位于肾的一端，境界清楚。

（2）切面淡黄色或灰白色，有出血坏死及小囊形成时为多彩色。

（3）可有癌周"卫星"结节。

2．组织切片观察

（1）低倍镜：癌组织呈实性团块状、条索状、腺管状或乳头状，间质少，血管丰富。

（2）高倍镜：癌细胞有透明细胞和颗粒细胞两种类型，按照不同比例分别为透明细胞型、颗粒细胞型和混合型。

1）透明细胞体积较大，呈多角形、轮廓清楚，胞质清亮透明（因其胞质内含有多量脂类和糖原，制片过程中被溶解），细胞核小，深染，位于细胞中央或边缘。

2）颗粒细胞体积比透明细胞小，形态较规则，细胞境界清楚，胞质较少但充满嗜酸性颗粒，细胞核小而圆，淡染。

3）介于透明细胞和颗粒细胞之间为中间型细胞。肾透明细胞癌则是以透明细胞为主的一种类型。

（3）诊断要点：①癌细胞体积大，呈多角形，轮廓清楚，胞质清亮透明；②细胞核较小，深染；③血管丰富，间质少（图 8-10）。

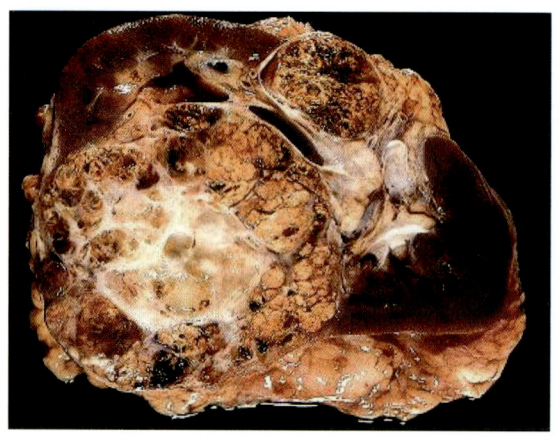
图 8-9 肾细胞癌大体标本肉眼观

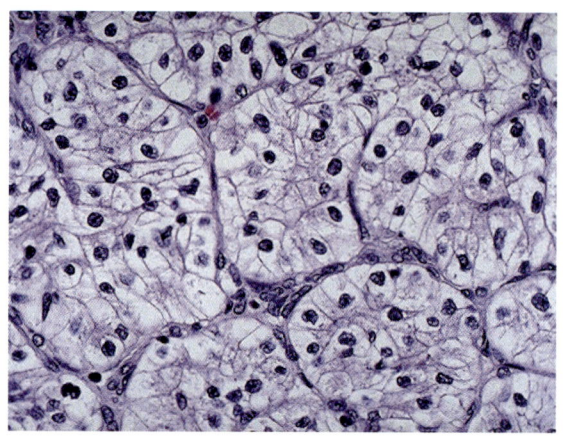
图 8-10 肾透明细胞癌组织切片观察

三、思考题

1. 弥漫性硬化性肾小球肾炎的肾缩小及表面颗粒是怎样形成的？它与哪些疾病引起的肾硬变相似？
2. 急性肾小球肾炎与急性肾盂肾炎的发病机制、病理变化和临床表现有何不同？
3. 新月体性肾小球肾炎的病变有何特征？试以其病理变化解释临床表现。

四、病例讨论

病例（一）

【病史摘要】

患者，女性，7 岁。全身水肿 4 天，呼吸困难 1 天，于 1969 年 10 月 19 日急诊入院。患儿于本月 13 日早晨起床时两眼睑开始出现轻度水肿，后逐渐加重，并遍及颜面、四肢以及全身，尿量减少，但一般情况尚好。至 15 日夜间开始出现呼吸困难伴有轻度发热，自诉两侧上胸痛。入院当天下午，呼吸困难明显加重，无尿。患儿于 2 个月前下肢发生多个脓疱疮，至今仍有少数未愈，余无特殊病史。体格检查：T38℃，P124 次/分，R42 次/分，BP20/8kPa。营养、发育中等，烦躁，呼吸困难，不能平卧，呈急性病容，口周发绀，鼻翼扇动，全身有凹陷性水肿，双下肢有少数脓疱疮。两侧颈静脉轻度怒张。心界稍扩大，心音弱，无杂音，心率 124 次/分，律齐，双肺可闻及少许湿啰音。腹部膨胀，有轻度移动性浊音，肝右肋下 5cm，边缘钝，质中等硬度，有压痛。

实验室检查：血常规检查 Hb96g/L，RBC3.6×10^{12}/L，WBC13.9×10^9/L，N0.74，L0.23，M0.01，E0.02。尿常规：蛋白（+++），RBC（++），WBC 1~3/LP，颗粒管型 0~1/HP。酚红试验：2 小时酚红排泄总量 45%，血非蛋白氮 37.2mg/d，红细胞沉降率 26mm/h。X 线检查：心脏扩大、心搏减弱，肺呈淤血表现。入院后经利尿、强心治疗后，病情未见好转而死亡。

【尸检所见】

两侧肾呈对称性肿大，包膜紧张，表面光滑，色泽红，表面有小点状出血，切面皮质增厚，纹理模糊，但与髓质界限清楚。心脏扩大，肺呈淤血、水肿改变。

【讨论题】

1．对本病做出病理诊断，其在组织学上可有哪些改变？
2．根据病理变化解释临床症状。
3．该病例的死因是什么？

病例（二）

【病史摘要】

患者，男性，48岁。因间断性眼睑水肿3年，血压持续升高2年，多尿、夜尿2个月，尿量明显减少3天入院。自述10岁时曾患"肾炎"，经住院治疗痊愈。体格检查：血压192/135mmHg。实验室检查：血红蛋白70g/L；尿比重1.008，蛋白（+++），颗粒管型（+），脓细胞（－）。血非蛋白氮（NPN）214mmol/L。入院后经抢救治疗，于第5天出现嗜睡及心包摩擦音，第7天出现昏迷，第8天死亡。

【尸检所见】

左肾重37g，右肾重34g，两肾体积明显缩小，表面呈细颗粒状，但无瘢痕；切面见肾实质变薄，皮髓质分界不清，肾盂黏膜稍增厚但不粗糙。镜下见多数肾小球萎缩、纤维化、硬化，肾小管萎缩；间质纤维组织明显增生及淋巴细胞浸润；残留肾小球体积增大，肾小管扩张；间质小动脉壁硬化，管腔狭小（图8-11）。心脏重450g，心包脏层粗糙，有少数纤维蛋白附着，并有少量出血点，左室壁增厚，左右心室稍扩张。脑质量为1600g，脑回增宽，脑沟变浅。

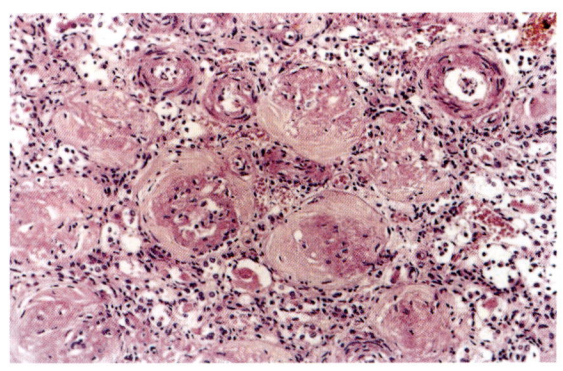

图8-11　患者肾组织切片镜下观

【讨论题】

1．对本病例应做何诊断？依据是什么？
2．试述患者的病变过程，解释其临床表现。

第九章 生殖系统疾病

一、目的要求

1. 具备子宫颈上皮不典型增生、子宫颈原位癌、子宫颈癌诊断能力并理解其演变关系。
2. 具备葡萄胎、侵蚀性葡萄胎、绒毛膜癌的诊断能力。
3. 具备乳腺癌诊断能力。

二、实习内容

疾病
（1）子宫颈癌
（2）葡萄胎
（3）侵蚀性葡萄胎
（4）绒毛膜癌
（5）乳腺癌

（一）子宫颈癌

1. 大体标本观察

（1）外生型：肿块呈结节状、乳头状或菜花状，突起于宫颈表面，灰白色，质脆（图9-1）。

（2）溃疡型：癌组织除向宫颈深部浸润外，表面同时有大块坏死脱落，形成溃疡，似火山口状（图9-2）。

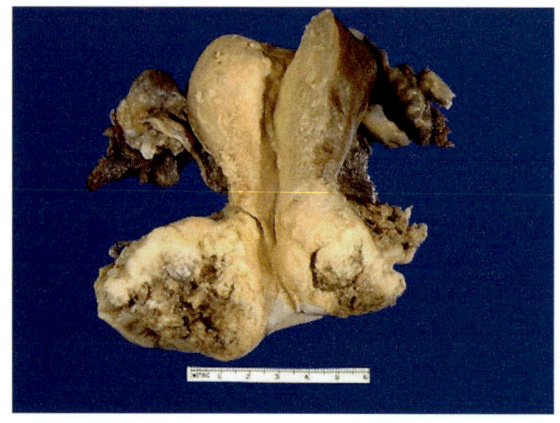

图 9-1 子宫颈癌外生型

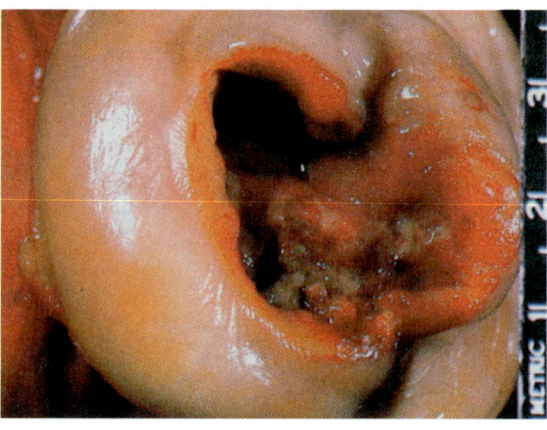

图 9-2 子宫颈癌溃疡型

2. 组织切片观察

(1) 子宫颈原位癌

1) 低倍镜：子宫颈上皮全层不典型增生与癌变；基底膜完整，间质无浸润。

2) 高倍镜：增生上皮异型性明显，核质比例失常，核大小不等，核分裂象增多，可见病理性核分裂象；细胞排列紊乱，极性消失。

3) 诊断要点：子宫颈上皮全层癌变；基底膜完整（图9-3）。

(2) 子宫颈鳞状细胞癌

1) 低倍镜：癌组织突破基底膜向深部浸润性生长，成巢状，部分癌巢中心形成红染角化物质（角化珠）（图9-4）。

2) 高倍镜：癌细胞异型性明显，核质比例失调，核分裂象易见；癌细胞间有时可见到细胞间桥；间质伴多量炎细胞浸润。

3) 诊断要点：癌细胞多边形，核大，有一定异型性；癌细胞聚集成巢，可见细胞间桥和角化珠。

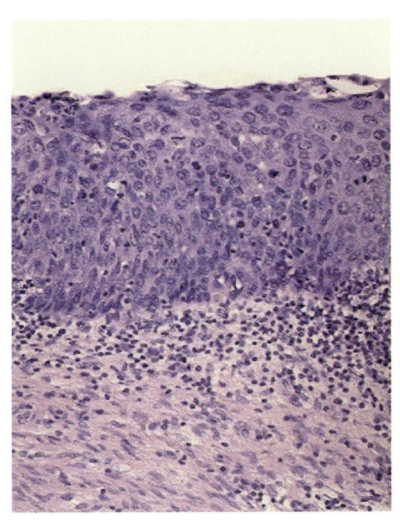

图9-3 子宫颈原位癌组织切片镜下观

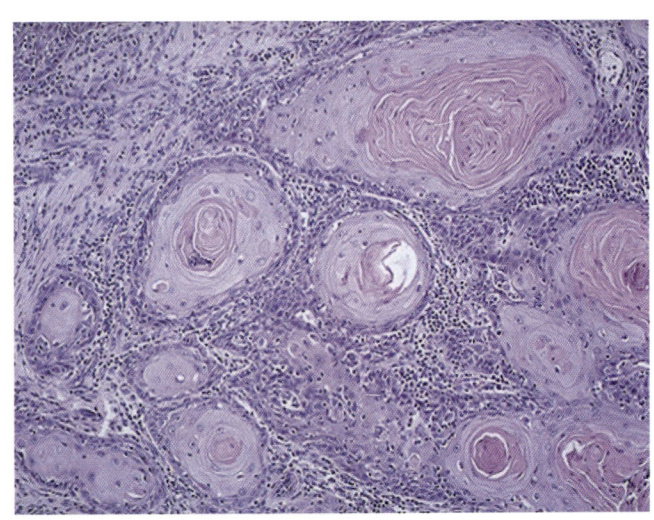

图9-4 子宫颈鳞状细胞癌组织切片镜下观

(二) 葡萄胎

1. 大体标本观察（图9-5） 子宫腔扩张，其中充满大小不等的透明水泡，水泡直径0.1～1cm，壁薄，水泡间有纤细的纤维条索相连，状似葡萄。

2. 组织切片观察

(1) 低倍镜：胎盘绒毛肿大，绒毛间质高度水肿，并形成水疱。

(2) 高倍镜：①绒毛间质高度水肿，间质内血管减少或消失。②绒毛表面细胞滋养层细胞和合体细胞增生活跃，有的形成团块。合体细胞胞质红染，核大深染不规则，细胞边界不清，细胞滋养层细胞质淡染，核圆形或椭圆形，细胞呈镶嵌状排列，可见核分裂象。

(3) 诊断要点：①绒毛间质高度水肿；②滋养层细胞增生；③绒毛间质血管减少或消失（图9-6）。

 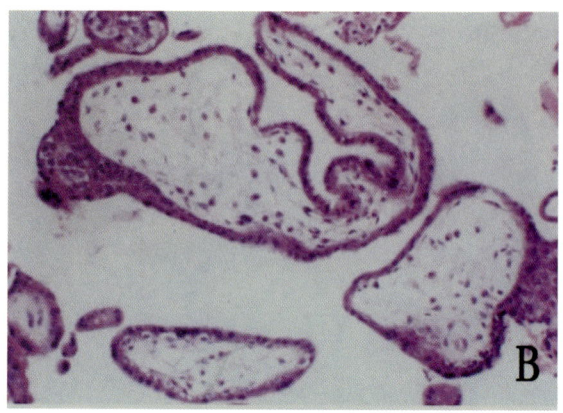

图 9-5　葡萄胎大体标本肉眼观　　　　　　图 9-6　葡萄胎组织切片镜下观

（三）侵蚀性葡萄胎
子宫腔内水泡状绒毛侵入子宫肌层，伴出血和坏死。

（四）绒毛膜癌
1．大体标本观察（图 9-7）
（1）子宫体积不规则增大，表面可见紫红色结节。
（2）切面见血样肿块充塞子宫腔，并浸入肌层。
（3）血块中可见掺杂有灰白、灰黄色瘤组织。

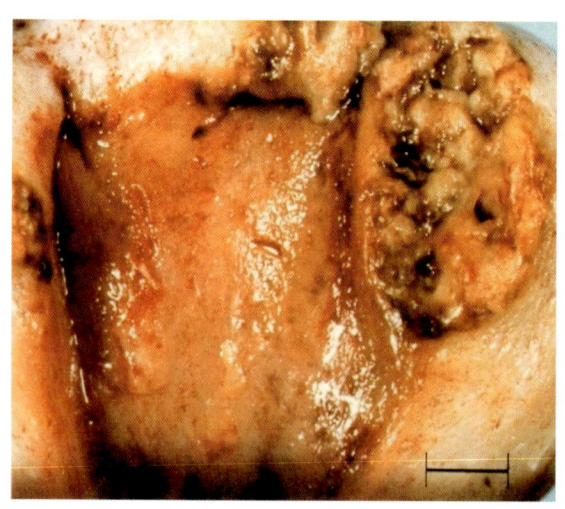

图 9-7　绒毛膜癌肉眼观

2．组织切片观察
（1）低倍镜：癌组织由两种细胞组成，不见绒毛，无间质和血管，侵入子宫平滑肌层，伴有出血坏死和炎细胞浸润。
（2）高倍镜：①一种癌细胞与细胞滋养层细胞相似，细胞界限清楚，胞质丰富而淡染，核大而圆，核膜增厚，核空泡状；②另一种癌细胞与合体滋养层细胞相似，体积大，形态不规则，胞质丰富红染或嗜双色，核长椭圆形，深染。③两种癌细胞多少不等，彼此紧密镶嵌，组成不规则的团块状或条索状。

（3）诊断要点：①成片增生及分化不良的滋养层细胞侵入肌层和血管；②滋养层细胞有明显的异型性，核分裂象多见；③癌组织无间质，无绒毛，常广泛出血（图9-8）。

（五）乳腺癌

1．大体标本观察

（1）硬癌：①表面皮肤呈橘皮样，乳头凹陷。②乳房肿块切面呈灰白色与皮肤粘连，边界不清并浸润周围组织。

（2）髓样癌：①表面皮肤呈橘皮样，乳头凹陷。②乳房肿块切面呈灰白色与皮肤粘连，边界不浸润周围组织。

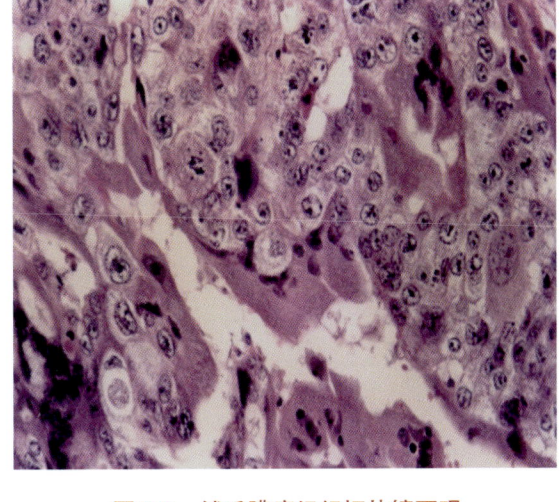

图 9-8　绒毛膜癌组织切片镜下观

2．组织切片观察

（1）硬癌

1）低倍镜：在大量胶原纤维中见散在的条索状或小团块状排列之癌巢。

2）高倍镜：癌细胞呈多角形，大小不一，核深染，可见核分裂象。常呈实体、条索状排列，有形成腺体的趋势。

3）诊断要点：癌组织实质少，间质多，癌细胞呈小条索状或小团块状排列；癌细胞异型性明显，核分裂象多见。

（2）髓样癌

1）低倍镜：癌组织由弥漫分布的癌细胞组成，其间有少数纤维结缔组织。

2）高倍镜：癌细胞呈多角形或梭形，大小不一，核深染，可见核分裂象，间质中见较多淋巴细胞浸润。

3）诊断要点：癌组织实质多，间质少，癌细胞多呈大片状癌巢，间质纤维组织稀少；癌细胞体积大，核大而圆；可见病理性核分裂象；间质中淋巴细胞浸润。

（3）浸润性导管癌

1）低倍镜：癌细胞成实性团块状或小条索状，浸润于纤维间质中，实质与间质量大致相等。

2）高倍镜：癌细胞多形性，核异型性明显，核分裂象多见。

3）诊断要点：癌细胞成实性团块或条索状；癌实质与间质量大致相等。

三、思考题

1．子宫颈癌有哪些病理类型？如何蔓延和转移？会引起哪些后果？

2．试从病理学角度比较葡萄胎、侵袭性葡萄胎及绒毛膜癌的异同点。

3．乳腺癌有哪些大体改变？常见的组织学类型有哪些？如何扩散和转移？

四、病例讨论

病例（一）

【病史摘要】

患者，女性，60岁。一年前有不规则阴道出血及大量恶臭白带。半年前开始腹痛，有脓血便，量不多，每日3~4次，同时有里急后重感，无发热，食欲尚可。3个月前左下肢肿胀并伴有腰骶部疼痛，排尿正常，无咳嗽咳痰。30年前曾有结核病史。体格检查：BP20/12kPa（150/90mmHg），轻度贫血貌，体质消瘦，心肺（-）。腹稍胀，下腹部有压痛，左侧腹股沟有一不规则肿块，固定不易推动，下腹壁及左下肢水肿。肛门指诊：直肠前壁可触及一稍硬而不规则的肿块，有压痛，指套带血。妇科检查：外阴水肿，阴道不规则狭窄，宫颈外口有一菜花状肿物突入阴道，并浸润阴道壁。活检，病理报告为鳞状细胞癌。实验室检查：血常规，Hb 85g/L，WBC 5.6×10^9/L，N 0.72，L 0.28。粪便常规：脓血便，红细胞（+++），脓细胞（+），白细胞（++）。

【讨论题】

1．该病人应诊断为什么病？
2．脓血便的原因是什么？
3．下肢水肿的发生机制是什么？

病例（二）

【病史摘要】

患者，女性，30岁，农民。1年前人工流产一次，近2个月来阴道不规则出血，时常有咳嗽、咯血、胸痛、头痛、抽搐等症状，伴全身乏力，食欲缺乏。去世前一天早晨起床后突感头痛，随即倒地，昏迷，瞳孔散大，呼吸、心搏骤停。

【尸检所见】

患者消瘦贫血貌，腹腔内有血性液体约400ml，双侧胸腔中也有同样性状液体100ml。心脏：重320g，外膜光滑，未见增厚、粘连。脾：质量为160g。肝：质量为3200g，表面有数个1~2.5cm直径的出血性结节，结节中心出血坏死，中心凹陷，形成癌脐，切面上见数个出血性结节，有融合。肺：表面有1cm直径的结节伴出血、坏死。左右两侧肾各120g，未见病变。脑表面有多个出血性病灶，直径1.5cm，脑组织水肿。子宫后壁见直径为3cm的出血性结节，质脆而软，浸润子宫肌层并穿破肌壁达浆膜，在子宫或盆腔也有不规则的出血性肿块，两侧卵巢上可见黄体囊肿。

【讨论题】

做出病理诊断并解释临床表现。